Martin Liebetanz-Vahldiek

PETRI HEIL für Kids

- ANGELN BESSER VERSTEHEN!
- MEHR FISCHE FANGEN!
- MEGA FISCHBURGER BRATEN!

Müller Rüschlikon

IMPRESSUM

Einbandgestaltung: DÄNEKAS GRAFIK. ILLUSTRATION, www.daenekas.de

Titelfoto: Claudia Liebetanz

Illustrationen: Hannes Dänekas, © Copyright der Illustrationen Hannes Dänekas

Fotos:
Martin Liebetanz-Vahldiek: Seiten 5, 54, 55, 61, 63, 65, 67-69, 82, 83, 86, 87, 89, 90, 91, 92, 93, 94, 98-102, 103-105, 109, 114-121
Alexander Kebernik: Seiten 8-11, 40, 41, 43, 62, 64, 70
Jörg Strehlow: Seiten 12-15, 90, 108-111, 128-131
Michael Quak: Seiten 16-33, 38, 39, 42, 43
Peter Bensel: Seiten 28-37, 138, 139
Max Nollert: Seiten 44-51
Robert Ölschläger: Seiten 52-59
Michael Eisele: Seiten 70, 84
Christopher Heiland: Seiten 72, 73
Laksens Hus: Seiten 79, 80
Benjamin Kirchhoff: Seiten 82, 88, 107
Mika Glischinski: Seiten 84, 90
Tim Grossmann: Seiten 96, 97
Alida Szabo: Seiten 99, 103-105
Nils Müller: Seiten 122-127
Marcel Wiebeck: Seiten 135-137
Matthias Hoffmann: Seiten 141-143

Adobe Stock:
©FlorianKunde/stock.adobe.com: S. 74
©PernilleQvist/stock.adobe.com: S. 77
©RuZi/stock.adobe.com: S. 77
©RuZi/stock.adobe.com: S. 77

ISBN 978-3-275-02328-8

Postfach 103743, 70032 Stuttgart
Ein Unternehmen der Paul Pietsch Verlage GmbH & Co. KG

1. Auflage 2024

Sie finden uns im Internet unter
www.mueller-rueschlikon-verlag.de

Lektorat: Claudia König
Innengestaltung: DÄNEKAS GRAFIK. ILLUSTRATION, www.daenekas.de
Druck und Bindung: Graspo CZ, 76302 Zlin
Printed in Czech Republic

INHALT

VORWORT

Dieses Buch hat viele Unterstützer. Für mich als Autor ist eine Kindheit mit Angeln natürlich die Grundlage für ein Angelbuch für Kids. Ohne meine Eltern, die mich immer und überall zum Gewässer gefahren haben, zu den unmöglichsten Zeiten, teils mitten in der Nacht, wäre das nicht möglich gewesen.

Schon als Kinder geangelt haben auch die Teamangler aus dem Eisele Sea-Fishing-Team und weitere Freunde und Bekannte, die mich mit zahlreichen Fotos, Inspirationen und Informationen unterstützt haben.

An der Entstehung des Buches haben aber nicht nur Erwachsene mitgewirkt. Frida Kebernik hat als junge Leistungssportlerin wenig Zeit und hat dennoch mit ihrem Blick auf das Angeln mitgewirkt. Danke!

Zwei Juri(j)s haben zudem eine besondere Rolle gespielt: Jurij Strehlow ist bestimmt der jüngste Rutenbauer in Deutschland und hat sich mächtig ins Zeug gelegt für sein Kapitel zum Rutenbau. Und mein Sohn Juri. Er ist der Angler auf dem Titelbild, das von meiner Frau fotografiert wurde. Was auf dem Bild so leicht aussieht, war harte Arbeit mit viel Geduld bei eisig kaltem Wetter. Nicht nur deshalb gilt mein größter Dank natürlich meiner Familie, die meine Angelverrücktheit mit Freude mit mir teilt, aber auch schon einiges dafür ertragen musste. Ich liebe Euch nicht nur aus diesem Grund.

Die übrigen Interviewpartner, die das Hobby Angeln zu ihrem Beruf gemacht haben, sind noch nicht lange keine Kinder mehr. Dieser interaktive Ansatz in der Entstehung dieses Buch soll dafür sorgen, dass das darin vermittelte Wissen, die Ideen und Anregungen kein „Erwachsenenkrams" sind und die Kids dort abholen, wo sie als Angler tatsächlich stehen.

Ein Buch hat früher das Wissen vermittelt, das noch nicht vorhanden war. Heute, wo alles Wissen dieser Welt online zur Verfügung steht, hat ein Buch eine andere Aufgabe. Es soll zusammenfassen und das Wichtigste aufzeigen. Es ist kein gefülltes Fass mehr, sondern ein Funke an Wissen, der etwas entfacht. Ich hoffe, dass dies gelungen ist und dieses Buch möglichst viele Kids inspiriert und weiterbringt.

In diesem Sinne viel Spaß beim Lesen

Martin Liebetanz-Vahldiek

Martin Liebetanz-Vahldiek angelt seit seiner Kindheit und schreibt seit über 25 Jahren als freier Autor für Angelmagazine. Er ist Vater von zwei Angel-Kids und kennt sich daher mit Fischen und jungen Fängern bestens aus. Hauptberuflich kümmert er sich im Hamburgs Fischereibehörde ebenfalls ums Angeln.

FISCHE FA
VIEL MEHR

1. Angeln ist chillen und action gleichzeitig. Am See oder Flussufer, auf dem Boot denkst Du nicht an den nächsten Schultag oder was Dir gerade passiert ist. Du bist einfach nur angeln und bist bei Dir. Idealzustand für die Seele! Gleichzeitig kann es jeden Moment vorbei sein mit der Ruhe. Die Pose geht unter, die Rutenspitze zittert – Adrenalin jagt durch Deine Blutbahnen. Glücklich und mit neuer Power fährst Du zurück nach Hause. Angeln gibt Dir Ruhe und Kraft!

2. Beim Angeln passieren Dir Sachen, die sich andere nicht einmal vorstellen können. Du bist mitten auf dem Meer und plötzlich prustet es neben Dir. Du drehst Dich erschrocken um und siehst, wie direkt neben Deinem Boot ein Schweinswal abtaucht. Wieder und wieder kommt er hoch, holt einmal lautstark Luft – aber nur als Ausrede, denn jedes Mal guckt er Dich mit einem Auge ganz genau an. Du merkst, dass Du nur Gast bist in dieser Welt und bist dankbar, dass Du dort sein darfst. Oder – beim Nachtangeln ist es stockdunkel, bis plötzlich der Mond aufgeht, direkt über dem See. Den silbergrauen Schein kann kein Filter einer Fotoapp jemals nachmachen. Sonnenaufgang kann jede App, aber Mondaufgang kennen nur Angler!

3. Selbst gefangener Fisch ist mega-gesund. Ein Seelachs zum Beispiel, der sein gesamtes Leben schwimmend verbracht hat und vor allem Garnelen und andere Fische gefressen hat, hat

– das macht Angeln aus!

fast kein Fett und extrem viele gesunde Eigenschaften. Mehr Bio geht absolut nicht. Und – gerade, weil Du den Fisch selbst versorgt hast, ist es zudem tierschutzfreundlich. Keine lange Qual, wie Du es gelernt hast, erst betäubt und dann ein schneller Herzstich oder Kehlschnitt. Das gehört dazu zum Angeln und Du weißt, woher Dein Lebensmittel stammt – ganz im Gegenteil zur „Generation Fischstäbchen"!

4. Beim Angeln lernst Du, was Du im Leben brauchst. Manchmal ist durchhalten angesagt, manchmal musst Du flexibel sein, vielleicht die Stelle wechseln oder den Köder. Du lernst aus jedem Angeltag etwas und kannst unterscheiden, ob Du etwas hinnehmen musst oder ob Du es ändern kannst. Das ist echte Weisheit, die die meisten ihr ganzes Leben nicht erreichen!

Jede und jeder haben mit dem Angeln aus unterschiedlichen Gründen angefangen. Meistens ist es die Inspiration durch einen anderen Angler. Das kann Dein Opa sein, ein Freund oder eine Freundin. Bei Frida und Jurij spielen bestimmt die Väter eine große Rolle. Mal sehen, was die beiden übers Angeln sagen.

AUSGLEIC
ABENTEUE

Interview mit Frida Kebernik

Frida Kebernik ist 14 Jahre alt. Nicht nur als Anglerin hat sie sich mit starken Gegnerinnen angelegt. Frida ist Deutsche Meisterin im Ringen. Hartes Training und ein voller Zeitplan sind für sie Alltag. Am Wasser ist sie dennoch unterwegs – oft mit ihrem Vater Alexander, der beim Großhändler Sänger Top Tackle dafür sorgt, dass in den Angelläden die Regale voll sind.

PHFK: Frida, danke, dass Du „Petri Heil für Kids" (PHFK) ein paar Fragen beantwortest. Du bist Leistungssportlerin. Ist Angeln für Dich eher Ausgleich oder eher Abenteuer?

Frida: Beides! Gerade, wenn ich viel trainiere, kann ich beim Angeln sehr gut abschalten. Ich fühle mich dann einfach frei im Kopf. Das Abenteuer geht aber sofort los, wenn beim Karpfenangeln der Bissanzeiger aufheult oder auf dem Boot in Norwegen plötzlich die Rute krumm ist.

PHFK: Norwegen, Karpfen – was hast Du denn noch so gefangen?

Frida: Auf der Ostsee vom Kutter aus Plattfische, Knurrhähne und Krebse. Meinen ersten Hecht habe ich eigentlich aus Versehen gefangen.

PHFK: Aus Versehen? Wie das?

Frida: In der Coronazeit war ich mit meinem Vater zum Stippen. Als die Pose unterging, hatte ich dann plötzlich einen Hecht am Haken. Ob er die Made fressen wollte oder eine der Plötzen, die vielleicht eine Sekunde vorher gebissen hatte, werde ich nie rausfinden.

PHFK: Das ist ja eine coole Geschichte! Und jetzt angelst Du am liebsten Hechte?

Frida: Ich angele gerne auf Hecht. Am liebsten mit Kunstködern. Einer war sogar über einen

Team
NACON
1.

Meter lang. Ich mag es aber auch nachts auf Karpfen zu angeln. Am besten aber ist es in Norwegen.

PHFK: Was ist denn beim Nachtangeln so besonders für Dich?
Frida: Alles ist anders als tagsüber. Die Geräusche, die Tiere, die ich sehe. Vor allem aber gucke ich nach oben in den Sternenhimmel. So viele Sterne wie am dunklen See beim Nachtangeln sehe ich nirgends.

PHFK: Und beim Angeln in Norwegen, was ist da das Besondere?
Frida: Ich war mit meiner Familie in Norwegen zum Angeln seitdem ich laufen kann. Da fing alles an. Es ist so spannend, auf dem Boot zu sein, und die Rute in der Hand zu halten, wenn einer der starken Fische dort anbeißt.

PHFK: Welche starken Fische hast Du denn in Norwegen schon gefangen?
Frida: Mein größter Leng hatte zwölf Kilo, der

größte Dorsch sogar 13 Kilo. Einen Pollack über 6 Kilo konnte ich auch fangen. Die Norwegenfische sind aber nicht nur stark, sie schmecken auch echt lecker – vor allem, wenn Papa sie kocht!

PHFK: Du hast schon echt viele Fische gefangen. Was ist denn Dein Traumfisch in der Zukunft?

Frida: Ich würde gerne einen Rotbarsch fangen und es schaffen, ihn ohne Elektrorolle ins Boot zu kurbeln (Hinweis PHFK: Rotbarsche werden in großen Tiefen geangelt). Und den einen Karpfen, den ich kurz vorm Kescher verloren habe, den würde ich gerne ganz fangen. (Frida lacht laut los.)

PHFK: Warum musst Du dabei so lachen?

Frida: An der Stelle war es ganz flach. Ich musste mit den Füßen ins Wasser. Mein Vater stand mit dem Kescher neben mir. Plötzlich hat der Karpfen stark gezogen und der Haken hat sich gelöst. Dabei ist das Blei durch die Luft geflogen, genau an den Kopf meines Vaters. Ihm ist nichts passiert. Es war so lustig damals.

PHFK: Das kann ich mir gut vorstellen. Und was hast Du gelernt, was Du ohne Angeln nicht gelernt hättest?

Frida: (lacht) Dass Maden mir nichts tun! Und die Natur anders zu sehen. Viele Pflanzen und Tiere erinnern mich an etwas, was ich beim Angeln erlebt habe. So bekommt alles eine Geschichte.

PHFK: Frida, danke für das Interview! Wir wünschen Dir viele tolle Angelerlebnisse und bis bald dann bei Olympia. Mach weiter so!

RIESENFISC RUTENBAU

Interview mit Jurij Strehlo

HE &

Jurijs Vater ist Jörg Strehlow – eine lebende Angellegende. Er ist wohl Deutschlands bekanntester Angler, hat etliche Angelbücher geschrieben, Angelmethoden erfunden und setzt sich heute unermüdlich dafür ein, dass Angeln nachhaltiger wird. Nachhaltig begeistert hat er schon mal seinen Sohn Jurij. Er ist 13 Jahre alt und tritt an den Ufern von Elbe und Ilmenau in die Fußstapfen seines Vaters.

PHfK: Jurij, wer fängt denn die größeren Fische – Du oder Dein Vater?

Jurij: Manchmal er, aber meistens ich. Letzte Woche in Hamburg habe ich einen großen Aland gefangen und er nur einen kleinen Barsch. Jetzt in Schweden konnte ich mit Topwaterködern Hechte und Barsche fangen, Papa durfte keschern (Jurij lacht laut).

PHFK: Größere Fische als der bekannteste Angler Deutschlands! Wie machst Du das denn?

Jurij: Das ist nur manchmal Glück! :) Am liebsten gehe ich Spinnfischen. Am spannendsten finde ich aktuell aber das Angeln mit Oberflächenködern! Dabei begeistern mich die Attacken der Räuber und dass ich sie direkt erleben kann. Das ist am aufregendsten. Ich kann mir dabei gut vorstellen, wo die Fische sind, wenn ich das Wasser sehe. Vielleicht liegt es daran.

PHFK: Wann hast Du denn angefangen zu angeln?

Jurij: Ich glaube, als ich ein Jahr alt war (Jörg lacht und nickt im Hintergrund). Mein Vater hat mir erzählt, dass ich mit drei Jahren Barsche mit einem Spinner gefangen habe – daran kann ich mich auch noch erinnern. (Jörg nickt weiter – muss also stimmen!).

PHFK: Und was gefällt Dir beim Angeln am besten?
Jurij: Draußen zu sein und am Wasser zu sein. Immer gerne an Elbe und Ilmenau. Im Urlaub freue ich mich aber über die tolle Natur und dicke Fische in Norwegen oder Schweden.

PHFK: Norwegen? Da hast Du sicher Deine bisher größten Fische gefangen, oder?
Jurij: Dort hatte ich einen Dorsch von knapp einem Meter und einige richtig große Seelachse gefangen. Gerade jetzt konnte ich aber einen Hecht in Schweden mit genau 100 Zentimetern fangen – das war ein Abenteuer!

PHFK: Ziemlich cool? Braucht man da nicht viel Kraft?

Jurij: Schon, aber mit der richtigen Technik und der passenden Rute ist das kein Problem. Die für Norwegen habe ich sogar selber gebaut!

PHFK: Was? Eine selbst gebaute Rute? Kannst Du uns zeigen, wie das geht?
Jurij: Ja, klar. Wenn noch Platz in Deinem Buch ist, könnte ich davon Fotos machen.

PHFK: Abgemacht! Du und der Rutenbau bekommen ein Kapitel. Wir sehen uns auf Seite 116. Jurij, danke für das Interview und Deine Hilfe bei diesem Buch. Wir wünschen Dir Petri Heil und fang Deinem Vater weiter die großen Fische vor der Nase weg!

1.

STREET-FISHING

auf Zander

Das Glück liegt auf der Straße – behauptet ein Sprichwort. Das soll bedeuten, dass jeder überall sein Glück finden kann. Stimmt, haben sich Angler gedacht und es direkt neben der Straße versucht. Schnell hat sich das Angeln in der Stadt, sogar in Industriegebieten, zum neuen Trend entwickelt – Street-Fishing. Street-Fishing ist nicht nur angeln an einem anderen Ort. Es unterscheidet sich tatsächlich vom Angeln in der Natur wie an einem See oder natürlichen Fluss.

Viel Fisch, wenig Tackle

Ein wesentlicher Unterschied, vor allem für Jugendliche ohne Führerschein und Auto, ist, dass der Bus oder die S-Bahn bis kurz vor den Angelplatz fährt. Eigene Anreise, ohne Eltern-Taxi zum Baggersee, ist möglich. Das gibt Euch die Freiheit, einfach mal selbst angeln zu gehen. Cool! Der Nachteil: Ihr müsst die gesamte Ausrüstung auf einmal tragen können. Weniger ist also mehr beim Street-Fishing. Der große Eimer, der gemütliche Stuhl und der Riesenkescher für den Fang des Lebens haben da keinen Platz. Im Angelladen gibt es mittlerweile sehr viel passende Ausrüstung. Die Ruten sind kurz und handlich, Rollen klein, aber stabil. Die Köderboxen sind mit den allerbesten Lieblingsködern bestückt. Jedes Teil wird benötigt – Zusatzausrüstung „zur Sicherheit" hat beim Street-Fishing keinen Platz. Weglassen dürft Ihr aber keinesfalls, was für den fairen Umgang mit den Fischen zwingend benötigt wird.

HING
STREETFISHING
HAMBURG, GERMAN
2.

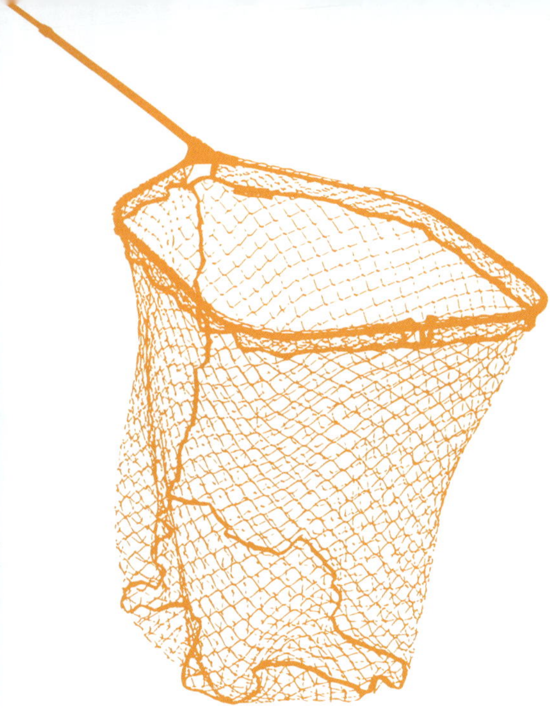

Kescher & Co.

Das Wichtigste ist dabei ein Kescher, um die Fische schonend zu landen. Ein Kescher gehört beim Angeln immer dazu. Beim Street-Fishing gibt es besondere Anforderungen. Gewässer in der Stadt haben oft keine natürlichen Ufer, sondern sind eher mit Mauern oder Spundwänden begrenzt. Ein normal langer Kescherstock ist dann zu kurz, um das Wasser tatsächlich zu erreichen. Dafür gibt es spezielle Spundwandkescher. Statt an einem Kescherstab sind diese Netze an einer Schnur befestigt und werden an der Mauer abgelassen. Mit etwas Übung klappt das easy. Ist der Fisch zu klein oder muss aus einem anderen Grund zurückgesetzt werden, hilft wieder der Kescher. Natürlich darf ein Fisch nicht aus größer Höhe wieder hineingeworfen werden. Der Kescher ist dann der Fahrstuhl zurück ins Wasser. Besonders gut für den Fisch macht Ihr es mit einem gummierten Keschernetz. Das schont die Schleimhaut der Fische.

2.

Zurecht denkt Ihr jetzt, dass der Fisch vor dem Keschern erst einmal gefangen werden muss. Das stimmt natürlich! Beim Street-Fishing gibt es in den meisten Fällen zwei Lieblingsfische. Sie fühlen sich in verbauten Stadtgewässern recht wohl und sind zudem absolut spannende Angelfische: Zander und Barsch! Street-Fishing ist also Raubfischangeln. Und dabei werden eigentlich immer Kunstköder verwendet. Der eindeutige Favorit dabei ist der Gummifisch. Er ist einfach perfekt geeignet und flexibel einsetzbar. Gummifische imitieren ein echtes Fischchen. Damit die Täuschung klappt, werden sie durch das Wasser gezogen. Die allermeisten Fische haben dabei einen Paddelschwanz. Bei Zug zappelt dieser durch das Wasser und es sieht aus, als wenn ein kleines Fischchen flüchten würde. „Perfekte Beute", denkt sich dann der Raubfisch, und schnappt zu!

Beim Zanderangeln werden sehr oft Gummifische mit Jigköpfen verwendet. Bei Köder und Köpfchen kannst Du besonders nachhaltig sein. Statt aus dem giftigen Schwermetall-Blei werden Jigköpfe mittlerweile auch aus Zinn oder Stahl gefertigt. Top sind beispielsweise die Q-Jigs mit ihrer besonderen Totenkopfoptik oder die Stahlköpfe von Moby Softbaits. Moby produziert auch Gummifische ohne giftige Weichmacher, die Krebs verursachen können. Alle „gesunden Gummis" fangen übrigens mindestens so gut wie andere!

Top-Tipp: Flexxxi-Mini von Eisele mit Dragon Tail!

RIOT CREW

HH

2.

2.

SCHWER O SCHWEREL

Moderne Montagen trennen den Gummiköder vom Gewicht. Die Vorteile: Ein schnelles Absinken durch hohe Gewichte, aber ein schwereloser Köder, der selbst von vorsichtigen Fischen mühelos eingesogen wird.

Drei raffinierte Montagen für Straßenangler

Drop-Shot-Montage

Drop Shot ist in aller Munde. Das Prinzip des Drop Shots ist die räumliche Trennung von Bleigewicht und Köder. Während das Bleigewicht am Ende der Schnur für ein schnelles Absinken sorgt, spielt der schwerelose Köder eine Etage höher verführerisch in Grundnähe. Das Blei bleibt dabei auf dem Grund liegen und mit leichten Schlägen in der Rute wird der Gummiköder lebendig. Gewöhnliche Gummifische mit Schaufelschwanz sind nicht geeignet. Spezielle Drop-Shot-Gummis wackeln lebendiger und imitieren so sogar Würmer und natürlich kleine Fischchen. Besonders pfiffig sind spezielle Drop-Shot-Bleie. Diese werden mittels einer Klemme auf der Hauptschnur befestigt. Mit einem Handgriff lassen sich diese verschieben. So kann nicht nur in Grundnähe, sondern auch im Mittelwasser gefischt werden.

IN DER HAND:

Rute: *kurze Spinnrute mit hartem Rückgrat, 10 bis 60 Gramm Wurfgewicht, etwa 2,00 Meter bis 2,70 Meter lang*

Rolle: *Stationärrollen 3000er Größe mit geflochtener Schnur, ca. 0,12 mm Durchmesser*

DER
OS...

Carolina Rig

Das Carolina Rig ist ein sogenanntes Raffinesse-Rig – also etwas ganz Raffiniertes! In Wirklichkeit ist es aber eher etwas ganz Einfaches, das sogar die Aalangler am Dorfteich kennen: Eine Durchlaufmontage. Raffiniert ist jedoch ein Detail des Rigs. Denn der Klassiker ist mit einer Glasperle angereichert, die beim Absinken der Montage auf das Kegelblei schlägt und somit ein Klack-Geräusch erzeugt. Die Zander und Barsche werden bewiesenermaßen davon angelockt.

Texas Rig

Beim Texas Rig ist das Gewicht zwar nicht räumlich vom Köder getrennt, dennoch ist der verwendete Gummifisch quasi schwerelos. Der Grund ist, dass es sich beim Texas Rig ebenfalls um eine Durchlaufmontage handelt. Wie bei einem Jigkopf sitzt der Köder direkt am Gewicht. Dieses ist jedoch nicht fest am Haken montiert, sondern auch hier ein Durchlaufblei. Die Konstruktion wird ebenfalls mit einer echten Glasperle bestückt für lockende Klicklaute. Die Perle kann ruhig bunt sein, denn sie soll die Fische ja zum Köder locken – da ist jeder Reiz recht. Mehr Spiel erhält der Gummiköder, wenn der Haken mit einem Rapalaknoten befestigt ist. Die Schlaufe erlaubt mehr Freiraum und verhindert zudem Aussteiger im Drill. Gummistopper nicht vergessen, damit der Knoten geschützt wird.

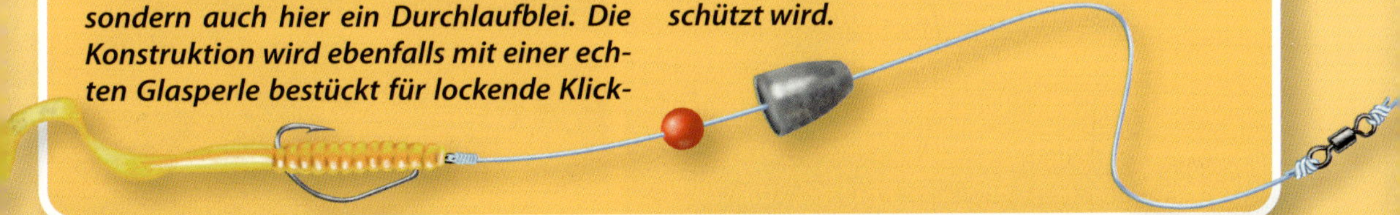

AM BAND:

Köder: *Gummifisch 7 cm bis 10 cm, am besten aus ungiftigem Material wie der Flexxxi Mini von Eisele Sea-Fishing mit bleifreiem Jigkopf z.B. von Q-Jigs 10 bis 30 Gramm, je nach Tiefe und Strömung*

AUF TASCHE:

Gummierter Kescher, evtl. Spundwandkescher, Abhakmatte, um den Fisch fair zu versorgen

2.

Fishing for Future

Ausblick durchs Küchenfenster

„Der ist zu klein, der muss zurück ins Wasser!" Selbst ein Kinderbuch könnte dieses Zitat enthalten, denn es liegt so klar auf der Hand, dass zu kleine Fische nicht in der Pfanne landen sollten. Hinter diesem Reflex steckt die Idee, dass ein Fisch sich zumindest einmal in seinem Leben fortgepflanzt haben soll. Mindestmaß nennen Fischereigesetzestexte das. Mindestmaße waren über viele Jahrzehnte sozusagen das Maß der Dinge. Mittlerweile weiß die Wissenschaft aber, dass jede Seite zwei Medaillen hat und selbst das so einleuchtende Mindestmaß ungewollte Nebenwirkungen haben kann.

Je oller, je doller

Wird ein Gewässer nur spärlich befischt, treten diese nicht zutage, aber welches Gewässer ist zu Zeiten des Angelbooms noch wenig befischt? Das Mindestmaß führt unweigerlich zu einer Verjüngung der Fischpopulation. Im theoretischen Extremfall besteht der Bestand nur noch aus jüngeren Fischen. Ein Bestand aus Fischen, die sich zum ersten Mal fortpflanzen, produziert weniger Rekruten, also Fische, die später zum Bestand zählen, als ein Bestand mit einer ausgebildeten Alterspyramide. Dabei sind es vor allem die ganz großen alten Fische, die den größten Anteil am künftigen Bestand produzieren. Es gibt weitere Nachteile: Fische gleichen Alters pflanzen sich zum selben Zeitpunkt fort. Geht dabei etwas schief, fällt ein großer Teil des Jahrgangs aus. Eine Fortpflanzung aus mehreren Generationen hingegen zieht sich über einen gewissen Zeitraum hin und ist somit wesentlich resistenter gegen Risiken.

Immer auf die Kleinen

Damit hören die Nachteile immer noch nicht auf. Das Mindestmaß führt zu einer Auswahl. Fische, die am schnellsten wachsen, werden am ehesten entnommen. Übrig bleiben die, die naturgemäß kleiner bleiben. Dennoch ist ein Mindestmaß sinnvoll. Nichts spricht für eine Abschaffung, denn natürlich sollen

sich Fische mindestens einmal fortpflanzen in ihrem Leben. Es brauch vielmehr eine Ergänzung, um die Nebenwirkungen abzumildern. Diese ist ein zusätzliches Maximalmaß, also eine Größe, bei deren Überschreitung Fische ebenfalls zurückgesetzt werden müssen.

Schnell durchs Fenster

Die größte Wirkung hat dies bei 70 % der maximalen Größe der jeweiligen Fischart. Bei einem Zander, der einen Meter groß werden kann, läge das beste Maximalmaß somit bei 70 Zentimetern. Zwischen Minimum und Maximum liegt dann die Spanne, in denen Fische entnommen werden dürfen. Genannt wird dies Entnahme- oder Küchenfenster.

FAKTEN ZUM FLEXEN

Ein Zander, besser eine „Zanderin“, produziert extrem viele Eier – 200.000 Stück pro Kilo Körpergewicht. Sind diese dann geschlüpft, ist die Zanderbrut allerdings auf ein ganz bestimmtes Kleinstlebewesen als Nahrung angewiesen. Kommt das zeitgleich auch massenhaft vor, gibt es extrem viele Zander. Sind die Mini-Krebschen allerdings früher oder später da – der Klimawandel spielt hier eine große Rolle – gibt es fast keinen Zandernachwuchs. Wenn alles klappt, wachsen die Zanderschlüpflinge in einem Nest auf. Das wird vom Zandermännchen bewacht. Es attackiert alles, was vorbeikommt. Es ließe sich also auch sehr leicht mit einem Kunstköder fangen. Selbst, wenn dieser Zander dann zurückgesetzt wird, ist das tödlich für den

Nachwuchs. Im Drill nämlich zerstören die Schläge mit der Schwanzflosse das Nest. Am Ende gibt es dann keine neuen Zander mehr und wir Angler gehen leer aus – und das für einen Extrafisch. Also: Selbst, wenn es erlaubt ist, Zanderangeln in der Fortpflanzungszeit ist schlecht für Fisch und Fänger.

2.

HECHT IST E

Es ist nicht lange her, da war Peter Bensel selber noch ein Kind. Geangelt hat er damals schon. Heute ist er Angelprofi und arbeitet beim Deutschen Angelgerätegroßhändler „Dieter Eisele Sea-Fishing" in Oldenburg in Holstein. Wie ihm das gelungen ist, erklärt er im Interview auf Seite 138/139. Wenn er nicht arbeitet, ist er am Wasser. Hechte haben es ihm besonders angetan. Daher ist Peter der perfekte Gastautor für das Hechtkapitel – er weiß noch, welche Schwierigkeiten Angelkids am Anfang haben und er weiß zudem, wie die Hechte ticken.

Krokodilartiges Aussehen, ein schneller und präziser Jäger, eine Menge Zähne und ein Biss an der Rute wie ein Einschlag! Das ist für mich ein Hecht. Ein optimal angepasster Raubfisch, der nicht nur Fische frisst, die halb so groß sein können wie er selbst, sondern manchmal sogar kleine Wirbeltiere wie Frösche, Mäuse und sogar Enten.

Überall auf Lauer

Hechte lauern mit Sicherheit auch in Gewässern vor Deiner Haustür auf Deinen Köder. Sie kommen nämlich in nahezu allen stehenden und fließenden Gewässern bei uns vor und können bei einem guten Nahrungsangebot zu kapitalen Größen von weit über 120 Zentimetern heranwachsen.

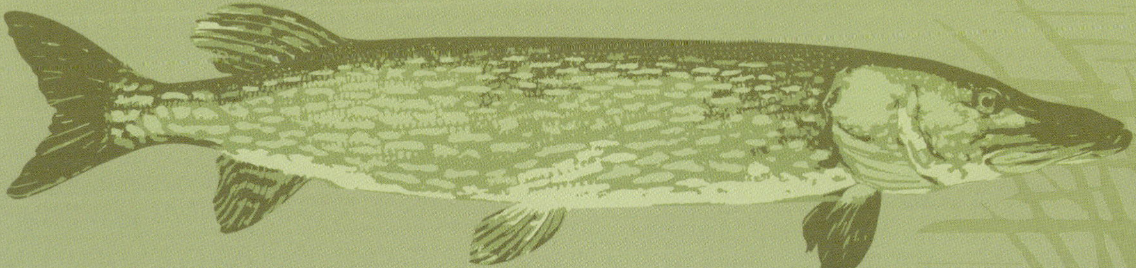

HT COOL

3.

Du hast es hier also mit einem echten Kämpfer zu tun, der an der Angel alles gibt und Dein Anglerherz höherschlagen lässt. Wie Du die Hechte findest, wie Du sie am besten befischt und ein paar geheime Tipps, verrate ich Dir in diesem Kapitel.

Das gilt immer

Egal, in welchem Gewässertyp Du später angeln wirst, die Angelei hat in der Regel Gemeinsamkeiten, an denen Du Dich orientieren kannst und die es Dir leichter machen werden, gute Stellen zu finden und Fische zu fangen! Hechte sind Lauerjäger, das heißt, dass diese in einem Ver-

steck auf ihre Beute warten und daraus dann blitzschnell zuschlagen. Suche Dir also Plätze zum Angeln aus, an denen Du Strukturen findest. Dazu gehören zum Beispiel ins Wasser gefallene Bäume, Brücken, Seerosen oder auch Schilf. Das sind potenzielle Orte, an denen sich der Hecht verstecken kann, um auf Beute zu warten. Wenn Du Glück hast, findest Du im Internet oder über den Pächter Deines Gewässers auch eine Tiefenkarte.

Strukturiert zum Erfolg

Über diese siehst Du dann auch interessante Strukturen unter der Oberfläche, die man sonst ohne technische Hilfsmittel wahrscheinlich gar nicht gefunden hätte. Halte Ausschau nach Unterwasserbergen, Landzungen, die sich unter Wasser fortsetzen, oder auch Krautfelder, die Du

auf der Karte findest. An diesen Stellen sammeln sich häufig Futterfische, und wo diese sind, sind die Räuber nicht weit. Die Auswahl Deiner Spots hat außerdem viel mit der aktuellen Jahreszeit zu tun. Orientiere Dich daher immer an dieser, um erfolgreich sein zu können. Stellen, die im Sommer noch Fisch gebracht haben, können im Winter fischleer sein. Orientiere Dich daher an folgenden Faustformeln, um Deine Angelzeit optimal zu nutzen:

Flach im Frühjahr

Befindest Du Dich im Frühjahr, orientiere Dich an den Flachwasserbereichen Deines Gewässers. Dort haben die Hechte vor kurzem noch gelaicht und halten sich in der Regel auch noch viel in diesen Bereichen auf, um sich die Bäuche voll zu schlagen! Kleiner Funfact: Während der Laichzeit haben die meisten Hechte eine umgangssprachliche Maulsperre. Das bedeutet, dass sie in dieser Zeit keine bis wenig Nahrung aufnehmen. Dafür ist der Hecht sehr kannibalistisch in dieser Phase. Das heißt also, dass Hechte andere Hechte fressen würden – um Konkurrenten auszuschalten. Du siehst also, dass die Hechte nach dieser anstrengenden Periode großen Hunger haben und sich in den im Frühjahr schnell warm werdenden flachen Bereichen ihre Beute holen.

Mein Fisch! Mein Tag!

3.

Je kälter, desto tiefer

Im Sommer ziehen viele Fische dann eine Etage tiefer ins etwas kältere Freiwasser. Das sind dann meistens die größeren Tiere, die zum Teil mitten im Gewässer stehen. Kleinere Exemplare sind aber auch noch in flachen Bereichen zu finden. Die Hechte sind am Ende des Sommers besonders aktiv und fangen an, sich etwas Speck für den Winter anzufressen. Jetzt beginnt wieder eine heiße Phase zum Angeln auf Hecht! Die Hechte stehen teilweise noch sehr verstreut im Gewässer. Ausdauer macht sich bezahlt im Herbst. Suche Dir Unterwasserkanten heraus und versuche, Futterfische ausfindig zu machen. An solchen Spots bist Du zur kalten Jahreszeit goldrichtig. Je weiter es dann in Richtung Winter geht, umso mehr verziehen sich die Hechte in die tieferen, wärmeren Bereiche Deines Gewässers und sind immer schwerer erreichbar.

Richtig ausgerüstet

Jetzt weißt Du zwar wann und wo Du die Fische finden kannst, aber womit kann man sie denn am besten überlisten?

Es fängt mit der Angelrute an, dabei solltest Du Dir darüber im Klaren sein, ob Du vom Ufer oder vom Boot aus angeln möchtest. Vom Ufer brauchst Du meistens etwas längere Ruten als vom Boot aus, um auf Wurfweite zu kommen. Ein gutes Mittelmaß wäre eine Rute zwischen 2,40 Meter und 2,70 Meter, damit bist Du für beides gut ausgestattet. Die Rute sollte zum Einstieg ein ungefähres Wurfgewicht von 70 bis um die 100 Gramm haben. Damit kannst Du dann auch mal einen etwas größeren Köder werfen. Als Rolle würde ich Dir eine 3500er bis 4000er Größe empfehlen. Da Deine Rolle das Herzstück Deiner ganzen Kombo ist, rate ich Dir, diese sorgfältig auszuwählen. Eine schlecht funktionierende Rolle macht keinen Spaß! Die Schnurstärke hängt von Deinem Gewässer ab. Damit meine ich zum Beispiel, ob Du viele Hindernisse im Wasser hast, welche die Schnur beschädigen könnten, oder starke Strömung, bei der eine dicke Schnur mehr Angriffsfläche bieten würde. Am besten holst Du für Deine

Gewässer dafür den Rat beim Angelgerätehändler Deines Vertrauens ein.

Mit welchem Köder?

Das für die Meisten wohl wichtigste Thema sind die Köder. Dabei sind Dir fast keine Grenzen gesetzt!

Der Markt an unterschiedlichsten Ködern, Farben, Formen und Materialien ist riesig, was es nicht leichter macht, eine passende Auswahl für sich zu finden. Bei der Suche nach dem „perfekten" Köder gilt: Hör auch auf Dein Bauchgefühl.

Glaube nicht alles, was Du im Internet siehst. Orientiere Dich lieber daran, wie es an Deinem Gewässer aussieht. Also unter anderem: Welche Trübung hat dein Gewässer? Brauchst Du etwas Auffälliges oder vielleicht doch lieber was Natürliches? Welche Beutefische gibt es in Deinem Gewässer, damit Du Dir einen Köder aussuchen kannst, der an das „Original" möglichst nahe herankommt. Wichtig ist bei Deiner Köderwahl vor allem, dass Du dem Köder vertraust. Es mag

zwar Aberglaube sein, aber ich glaube, dass man den Köder mit Vertrauen deutlich interessanter bewegt und somit auch erfolgreicher ist!

Aus der Reihe tanzen

Ein guter Tipp ist es außerdem, nicht alles so zu machen wie jeder andere. Suche Dir zum Beispiel Köder in anderen Farben, Größen oder Laufverhalten als andere Angler aus. Gerade große und erfahrene Fische kennen schon so manchen Köder und sind dann misstrauisch, wenn der bunte Gummifisch das fünfte Mal an diesem Tag vor seine Nase entlang schwimmt. Die Aktion Deines Köders ist dabei besonders ausschlaggebend. Hechte sind zwar Sichtjäger,

die ihre Beute über das Visuelle wahrnehmen, verfügen aber dennoch über ein sehr ausgeprägtes Seitenlinienorgan. Dieses ermöglicht es, dem Hecht auch unter erschwerter Sicht oder aber auch bei für ihn vollkommener Dunkelheit zu jagen. Über das Seitenlinienorgan kann der Hecht Schwingungen im Wasser wahrnehmen, wie beispielsweise die eines verletzten und panisch schwimmenden Fisches. Das können wir uns zunutze machen und Köder aussuchen, die starke Druckwellen ins Wasser abgeben, um auch den beißfaulsten Hecht an den Haken zu locken. Bei der Aktion Deines Köders, also dem Bewegungsablauf, den dieser im Wasser erzeugt, musst Du bedenken, dass der Hecht gerne eine leichte Beute frisst, also Fische, die verletzt umherschwimmen.

Ruck-Zuck zum Hecht

Köder wie Jerkbaits, sind da sehr empfehlenswert. Diese laufen meisten auf ein bis drei Metern Tiefe und können durch harte Schläge in die schlaffe Schnur – das sogenannte Jerken – unberechenbar geführt werden. Dabei springt der Jerkbait von links nach rechts in unregelmäßigen Sprüngen und gaukelt dem Hecht eine leichte, flüchtende Beute vor. Eine absolute Fangmaschine! Das ist aber nur einer von vielen erfolgreichen Ködern. Wichtig ist, dass Du Deinen Köder immer etwas höher anbietest als in der Tiefe, in der Du die Hechte vermutest. Das liegt ganz einfach daran, dass der Hecht sich bei der Jagd immer in Richtung Oberfläche orientiert.

Immer langsam

Führe Deinen Köder nicht zu schnell, gerade große Hechte sind sehr faul und haben meistens keine Lust, sich für einen Snack sonderlich schnell zu bewegen. Die ganz Dicken mögen es „geleiert". „Leiern" ist Anglersprache und steht für ein bewusst langsames Einkurbeln des Köders nur über die Rolle bei ruhiger Rutenhaltung. Vergesse beim Hechtangeln aber nie, Dir ein hechtsicheres Vorfach vor Deinen Köder zu binden. Dieses ist wichtig für Angler und Fisch! Von Stahl über Titan bis hin zu Hartmono gibt es eine Menge Möglichkeiten. Ein Vorfach, das den scharfen Hechtzähnen nicht trotzt, ist nicht gut für Fisch und Fänger. Der teure Köder verbleibt sonst im Hechtmaul und quält den Fisch – das wäre überhaupt nicht gut!

So geht´s glatt

Neben den Fangutensilien gibt es außerdem noch eine Menge anderer genialer Dinge, die man beim Hechtangeln gebrauchen kann. Dazu gehört zum Beispiel ein großer Kescher mit einem bevorzugt gummierten Netz. Das tiefe Gumminetz hat mehrere Vorteile. Zum einen kann Dir der Hecht dadurch kaum noch entkommen, da dieser nicht mehr so einfach aus dem Kescher springen kann – das passiert sogar den besten Anglern. Zum anderen ist das Gumminetz deutlich schonender für die Fischhaut als eines aus Stoff. Außerdem bekommt man das Netz gut sauber und es trocknet superschnell. Du hast also nie mehr einen nassen oder stinkenden Rucksack. Wenn Du den Fisch dann sicher im Kescher hast, bietet sich eine schöne lange Zange an, damit Du mit Deiner Haut möglichst weit weg von den scharfen Zähnen bleibst. Die können nämlich ganz schön weh tun! Du hast den Fisch also abgehakt und möchtest wissen, wie groß dieser ist? Dafür gibt es extra „Scales", das sind breitere Matten, die wie ein Maßband aufgebaut sind. Damit siehst Du richtig professionell aus und beim Messen auf der glatten Matte wird der Fisch geschont.

Ohren auf ohne Kopfhörer

Bevor Du losgehst, solltest Du Dich erkundigen, welche Regelungen in Deinen Gewässern gelten. Diese unterscheiden sich nämlich in ganz Deutschland und können sogar schon von Gewässer zu Gewässer variieren. Probiere außerdem Mal, Dich auf die Natur einzulassen, lass die Kopfhörer zu Hause. Es lohnt sich echt! Man bekommt viel mehr mit und hat vor allen Dingen mal nichts anderes im Kopf außer Angeln. Das ist dann das perfekte Erlebnis!

Euer Peter

Falls Ihr Fragen habt, schreibt mir einfach über meinen Insta-Account @hookedbypeter

3.

MIT KUGEL
AUF KARPF

Am Karpfen kommt kein Jungangler und folglich auch kein Angelbuch für Kids vorbei. Er ist bei vielen der erste größere Fisch, der gefangen wurde. Die Gründe dafür: Er schwimmt in sehr vielen Gewässern vom Dorfteich bis zu langsam fließenden Flüssen, und er ist eigentlich immer hungrig und geht daher verhältnismäßig oft und recht einfach an den Haken. Karpfen werden auch zufällig gefangen. Beim Köderfischeangeln vergreifen sie sich an einer einzelnen Made oder beim Aalangeln an einem saftigen Wurm. Sie sind nicht wählerisch. Die allermeisten Karpfen werden aber gezielt gefangen und vorher angefüttert.

Der Mais ist heiß

Der Köder, mit dem die allermeisten Karpfen gefangen werden, steht in jedem Supermarkt und kostet nur wenige Cents – Mais. Er ist super-süß, voller Energie und schmeckt den Karpfen daher extrem gut. Mit Mais lassen sich Karpfen sehr schnell an die Angelstelle locken. Ein Karpfenangeltag fängt dennoch ein paar Tage vor dem eigentlichen Termin an und zwar mit Anfüttern. Sagen wir, Ihr möchtet am Samstag einen Karpfen fangen, dann füttert am Montag das erste Mal eine halbe Dose Mais. Vorher müsst Ihr Euch ganz genau überlegen, wo Euer Köder liegen soll. Genau dort muss der Mais hin. Ist die Stelle etwas weiter draußen und ein Wurf mit dem Arm reicht nicht aus, ist eine Futterschleuder sehr hilfreich. Dienstag dann füttert Ihr die andere halbe Dose Mai. Jetzt sollten sich die Karpfen so langsam an Euren Futterplatz erinnern. Mittwoch füttert Ihr dann eine ganze Dose und Donnerstag nochmal eine halbe. Jetzt vergisst kein Karpfen mehr, wo es immer etwas Leckeres zu holen gibt. Freitag macht Ihr eine Futterpause. Die Karpfen kommen trotzdem weiter an diese Stelle. Samstag kehren sie dann sehr hungrig zurück zu Deinem Platz – diesmal bist aber auch Du da!

Am Grund geht's rund

Selbst wenn Du sicher schon mal einen Karpfen an der Oberfläche gesehen hast, sie wühlen den Grund um und suchen dort nach Nahrung.

N
EN
4.

Zuerst war es ganz schön anstrengend ...

... doch dann war es einfach nur schön!

4.

Klar, dass Dein Köder auch dort hinmuss. Am einfachsten ist eine Grundmontage mit einem Blei. Dabei gibt es zwei Ideen. Entweder Ihr nehmt eine Laufmontage, also eine, bei der Eure Schnur vom Fisch durch das Blei gezogen werden kann oder Ihr knotet das Blei fest an der Schnur fest. Bei der Durchlaufmontage soll der Fisch möglichst nichts mitbekommen. Das Blei ist also so leicht wie möglich – zehn Gramm reichen oft schon aus. Kommt der Biss, setzt Ihr den Anschlag und der Drill beginnt. Bei der Festbleimontage ist das genau anders. Das Blei soll so schwer wie möglich sein, 80 Gramm oder noch mehr. Der Fisch saugt den Mais ein, schwimmt los und das Gewicht des Bleis setzt quasi den Anschlag.

IN DER HAND:

Rute: *Karpfenrute, 10 bis 60 Gramm Wurfgewicht, etwa 2,70 Meter bis 3,30 Meter lang*

Rolle: *Stationärrollen 4000er oder 5000er Größe mit geflochtener Schnur ca. 0,16 mm Durchmesser oder monofiler Schnur 0,25 mm bis 0,35 mm Durchmesser*

AM BAND:

Köder: *Je nach Montage ein leichtes (10 Gramm) oder schweres Blei (ab 80 Gramm), stabile Haken Größe 4 bis 12*

AUF TASCHE:

Futterschleuder zum Anfüttern, einen ausreichend großen Kescher

Mit diesen Grundlagen fangt Ihr bestimmt Euren ersten Karpfen. Jemand, der wie Ihr so angefangen hat, ist Max Nollert. Vielleicht kennt Ihr ihn schon aus dem Internet. Mittlerweile ist er Karpfenprofi, hat ganz viel Ausrüstung erfunden und ist Chef seines Online-Angelladens. Den Fisch seines Lebens hat er bei einem krassen Abenteuer gefangen – mit Boilies und Hundefutter. In seiner Geschichte stecken viele wertvolle Tipps und Tricks.

4.

TRAUMFISC TRINKWASSE

Heute sind die Regale aller Angelläden voll mit den runden gekochten Karpfenkugeln namens Boilies. Als Max Nollert zum ersten Mal Boilies auf seinem mit Angelausrüstung voll bepackten Fahrrad an die Mosel transportierte, war das komische Zeugs so neu, dass seine Zweifel immer größer wurden auf dem Weg ans Wasser. Es hatte geregnet und es war noch dunkel. „Da lugen doch bestimmt noch Tauwürmer aus ihren Löchern", dachte er. Er zieht die Handbremse seines Jungendrades und sammelt ein paar Würmer. „Jetzt kann nichts mehr schief gehen." Als er am kleinen Hafen unweit des Hauses seiner Eltern ankommt, bleiben die Boilies in der Angeltasche. Zwar hatte er die Tage zuvor damit angefüttert, aber zum Hakenköder fehlt ihnen sein Vertrauen. Die guten alten Tauwürmer hatten schon oft für tolle Fänge gesorgt in der Mosel. Für einen angelbegeisterten Jungen hat Max das perfekte Elternhaus. Direkt an oder „manchmal sogar in der Mosel, bei Hochwasser", erzählt er lachend und erinnert sich, dass er sogar in seiner Kindheit aus seinem Zimmerfenster heraus Karpfen gefangen hat. Am Hafen, an dem er an diesem Morgen dann doch die Tauwürmer auf den Haken zog, fing er seinen allerersten Fisch. Als Kopf einer Kinderangelbande mit Stock und Schnur landete er nach vielen Wochen zähen Ausharrens ein erstes Ukelei. Seitdem zog es ihn immer wieder an die Mosel. „Ich hatte die Rute gerade ausgeworfen und suchte im Dunkeln nach einer Stelle, um den Rutenhalter in die Erde zu stecken, da zog es an der Schnur." Max war so überrascht, dass der starke Fisch um die Leine einer Hafenboje schwamm und sich befreien konnte. Er verlor zwei weitere große Fische an diesem Morgen. Obwohl er keinen der drei Aussteiger zu Gesicht bekommen hatte, ist er sich bis heute sicher, dass dies sein erster Kontakt zu Karpfen war – trotz oder wegen des Tauwurms und trotz oder wegen der Boilies, die er zuvor gefüttert hatte.

Anführer einer Bande ist Max nach wie vor. Seine Bande heißt Imperial Fishing, hat je nach Saison zwischen acht und zwölf

IM PARISER

R

Max Nollert

Mitarbeiter und liefert Ausrüstung und Köder zum Karpfenangeln in 20 Länder. „Nur Japan habe ich ausgeschlagen, denn da müsste mein Geheimrezept außen auf der Packung stehen." Er weiß, dass sein Know-how sein Kapital ist. Das hat er sich zu Zeiten angeeignet, in denen das moderne Karpfenangeln in den Kinderschuhen steckte und Innovationen diese Angeldisziplin revolutionierten. Max hat für namenhafte Karpfenfirmen Produkte entwickelt, dessen Konzepte bis heute am Markt bestand haben. Irgendwann reichte ihm sein eigentlicher Traumjob nicht mehr und er gründete seine eigenen Firma Imperial Fishing und ist seit 2003 erfolgreich damit.

Seinen ersten Karpfen zu Gesicht bekommen, hat Max in Luxembourg. Der Steuerberater seines Vaters war auch Angler. Erholung fand dieser auf einem Campingplatz mit See in dem beschaulichen Land. Max besuchte ihn mit Zelt und Angelausrüstung. Gefischt werden durfte nur bis 22 Uhr, Nachtangeln war verboten. Max zählte die Sekunden runter. Um 21:59 Uhr und 48 Sekunden kam der Biss auf Boilies. Der erste Karpfen im zweistelligen Pfundbereich landete in seinem Kescher. In den Tagen darauf fing er die ersten Fische im zweistelligen Kilobereich. Die Haarmethode – heute absoluter Standard – war damals neu. Der Köder wurde dabei nicht auf den Haken gezogen, sondern an einem dünnen Schnürchen, dem Haar, direkt neben dem Haken präsentiert. Der Karpfen sog beides mit seinem Rüssel ein und der freie Haken saß perfekt vorne im Maul. Für die Karpfenangler der heutigen Generation ist es nicht mehr sichtbar, dass viele Methoden, Köder und Ausrüstung erst von mutigen und innovativen Persönlichkeiten entwickelt werden mussten. Dass sie heute einfach da sind, ist solchen Typen wie Max zu verdanken. Sie haben jedes freie Wochenende an großen Seen oder Flüssen verbracht, Neues ausprobiert und damit immer größere Fische gefangen.

Als Weinbauer arbeitete Max im gelobten Land der Karpfenangler – Frankreich. Frankreich verfügt über große Stauseen und die am besten abwachsende Karpfenart. Max fing etliche große Karpfen und verbrachte mehr Nächte auf einem Klappstuhl am See als im Bett. Rufus war sein ständiger Begleiter und ist bis heute Inspiration für seine Boilies. Jeder eingefleischte Karpfenangler seiner Generation kennt Rufus – das Hundetrockenfutter aus dem Aldi war einer der besten Karpfenköder überhaupt. Sein Nachteil war Vorteil zugleich. Er löste sich nach einer Zeit im Wasser langsam auf. Mitten in der Nacht waren Köderwechsel nötig. Dafür fing Rufus meistens vorher einen Fisch. Seine Wasserlöslichkeit sorgte für eine große Duftwolke am Futterplatz. „Pommesbuden-Effekt“ nennt Max dieses Prinzip, das bis heute das Konzept seiner Boilies ist – wasserlöslich bei bleibend fester Konsistenz.

„Max, Du musst kommen. Wir fangen einen großen Karpfen nach dem anderen“, erhielt er im Herbst 1997 einen Anruf aus Frankreich. Noch am selben Abend rollte er Boilies aus den letzten Kilos seiner eigenen Mischung und packte seine Sachen. Als er am nächsten Tag am Lac du Der Chantecoq ankam, war jedoch genau das passiert, was nicht passieren durfte: Das durchwachsene Herbstwetter war gewichen und die erste Nacht war sternenklar. Wetterwechsel nageln auch beim Karpfenangeln Fischmäuler zu. Die beiden Freunde, die

sich in den Tagen zuvor bereits sattgedrillt hatten, wollten die Beißpause nutzen, um nach Hause zu fahren, Proviant aufzutanken und frisch geduscht zurückzukehren. Max blieb alleine zurück, bewachte die Ausrüstung der beiden und fischte natürlich selber auf Karpfen. Der Lac du Der ist der größte Stausee Frankreichs. Das natürliche Nahrungsangebot ist extrem hoch und die Karpfen entsprechend groß. Im Herbst sind zwar zigtausende Kraniche dort, die Sommertouristen sind dann aber weitergezogen. Das Wetter ist zu unbeständig, sodass nur noch vereinzelt Karpfenangler am Ufer zu finden sind. Das klare Wetter hatte sich schnell verzogen und Wind und Regen hatten den Karpfen die Beißlust zurückgebracht. In den ersten beiden Nächten und Tagen fing Max eine unfassbare Riege von einigen Karpfen zwischen 36 und 40 Pfund. Im Gegensatz zu Max Stimmung hatte sich das Wetter nicht aufgehellt. In der dritten Nacht war der Sturm so stark, dass sein kleines Zelt nur von seinem Körpergewicht auf der Liege in Form gehalten wurde.

Direkt vor ihm am Ufer lag sein kleines orangenes Metzler-Schlauchboot, das von den Wellen des auflandigen Sturms auf und nieder wankte. Zwar angelte Max am Lac du Der vom Ufer aus, beim Biss aber ging es direkt ins Boot. „Die großen Karpfen müssen vom Boot aus gedrillt werden, um die Distanz zum Fisch zu

verringern und die Kontrolle zu behalten und Hänger zu verhindern", klärt Max auf, warum er in der stürmischen dritten Nacht direkt samt Rute ins Boot sprang, nachdem sein Bissanzeiger gepiept hatte. Mit einer Hand drillte er den Fisch, mit der anderen drehte er den Elektromotor voll auf. Der Sturm blies ihm frontal entgegen und die Wellen hatten sich in den vielen Stunden voller Wind zu echten Brechern aufgebaut. Mit Vollgas fuhr er gerade so schnell, wie auch der Karpfen schwamm.

Mit maximalem Druck auf Rute und Schnur bewegte sich der Schubverband aus Karpfen und Angler immer weiter weg vom Ufer. Sein kleines rotes Licht, das er bei jedem Biss außen an der Zeltwand einschaltete, um den Weg zurückzufinden, wurde immer kleiner.

Plötzlich schlug eine Welle über den Bug ins Boot und spülte dabei Max Kescher über Bord. Blitzschnell reagierte er, beugte sich links über die Bordwand und wollte gerade den Kescher greifen, als eine weitere große Welle auf den Bug einschlug. „Der Schlag kam mehr von unten und schleuderte mich über Bord. Es wäre mein sicherer Tod gewesen, wenn ich im Wasser gelandet wäre", fasst Max den Ernst der Situation zusammen. Ein riesiger Zufall und der Sixpack des sportgegeisterten Max retteten ihm das Leben. Auf dem Weg ins Wasser blieb eine kleine Kante am Hacken seines Stiefels, das dazu da war, das Ausziehen zu erleichtern, in einer Ecke seines Bootes stecken. Er hielt die Füße still, um den letzten Halt nicht zu verlieren, fing sich mithilfe seiner Bauchmuskeln ab und rettete sich zurück ins Boot. „Das Wasser hatte weniger als 10 Grad und das Boot wäre durch

den voll aufgedrehten Elektromotor sofort weg gewesen. Bei den Wellen hätte ich niemals ein Ufer erreichen können, bevor ich erfroren wäre." Der Fang seines Lebens ist also auch der Fang seines Überlebens. Zeit zum Verschnaufen gab es aber nicht. Die Wellen und die Wucht des Karpfens forderten Max in der dunklen Nacht.

„Plötzlich vibrierte das ganze Boot. Ich konnte nicht viel sehen, merkte aber, dass ich auf eine Sandbank aufgelaufen war." Wieder reagierte Max sofort. Er schaltete den Elektromotor seines Bootes aus, stülpte den Kescher über seinen Kopf, sprang aus dem Boot und watete mit seinen Stiefeln, die ihm kurz zuvor das Leben gerettet hatten, durch das knietiefe Wasser. Mit festem Boden unter den Füßen konnte er sich nun voll auf den Fisch konzentrieren. Er lief ihm ein Stück hinterher, damit die Schnur nicht im flachen Wasser am Grund scheuerte. Weitere fünf Minuten dauerte der Drill, bis der Karpfen das erste Mal im Schein seiner Taschenlampe auftauchte. „Der Anblick war gigantisch." Max hatte noch nie einen so großen Fisch im eigenen Kescher gesehen. Die Umstände sorgten dafür, dass er diesen ersten Anblick nie vergessen würde. Vor der Rückfahrt mit dem Boot, erholten sich Max und der Karpfen eine kurze Zeit. Das Boot lag noch an der seichten Stelle, an der er es verlassen hatte. Nur das rote Licht konnte Max nicht mehr sehen. Er war viel zu weit abgetrieben. Max holte die Landkarte der Umgebung vor sein inneres Auge und erinnerte sich an eine kleine Ortschaft in der Nähe, die einen leichten hellen Schein an den Nachthimmel warf. Daran orientierte er sich und schlug scheinbar die richtige Richtung ein. Nach einigen Minuten tauchte ein schwaches rotes Licht auf und Max erreichte wenig später sein Zelt. Max ging nicht auf die Liege, ohne den Karpfen gewogen zu haben. Fische bis 40 Pfund kannte er schon aus der Nacht zuvor, aber dieser war ein anderes Kaliber. Die Waage zeigte den untrüglichen Beweis, dass Max sich nicht getäuscht hatte und blieb bei 23,6 Kilogramm stehen. 47 Pfund und 100 Gramm „der erste Big-One", sagt Max heute noch voller Stolz.

Wo ist das Ende der Skala?

Max Fang seines Lebens war 1997 ein Aufsehen erregender Fisch. Über 23 Kilo waren wahnsinnig schwer. Heute bringt der schwerste gefangene Karpfen über 50 Kilo auf die Waage. Rekord-Hechte und -Zander sind seit 1997 nicht kapitaler geworden. Woran liegt das? Warum werden Karpfen jedes Jahr größer? „Es gibt mehrere Gründe", sagt Max Nollert. Die Klimaerwärmung führt dazu, dass die Fressphasen im Jahresverlauf wesentlich länger sind. Früher waren die Seen zugefroren und die Fische darunter in Winterruhe. Heute sei der Winter Angelsaison. Zudem gäbe es in vielen Gewässern mehr und mehr Nahrung, insbesondere in solchen, die künstlich entstanden sind, wie Stauseen und Altarme großer Flüsse. Ihr Maximum an Nahrungsaufkommen produzieren solche Gewässer erst nach 35 Jahren ihrer Existenz. Nicht zuletzt sind es auch Zuchten, die Karpfen immer größer werden lassen. Wo ist das Ende? Ich würde sagen, dass wir in zehn Jahren keine 60 Kilo-Karpfen fangen werden, aber 1997 haben wir auch nicht an 50-Kilo-Fische geglaubt!", so Max. Die passende Ausrüstung und perfekte Köder gibt es bei Max und seiner Firma Imperial Fishing unter ***www.imperial-fishing.de*** **.**

FAKTEN ZUM FLEXEN

Fishing for Future

Beim Karpfenangeln wird eigentlich immer angefüttert. „Schlecht fürs Gewässer", motzen da Viele. Stimmt und stimmt nicht. Mit dem Futter werden Nährstoffe in den See eingebracht. Diese wirken wie Dünger auf die Pflanzen. Wenn Pflanzenteile absterben, wird Sauerstoff verbraucht und das ist tatsächlich schlecht für die Wasserqualität. Was dabei übersehen wird ist, dass Angler ja auch Fische entnehmen, also dem Wasser somit Nährstoffe entziehen. Anfüttern ist also dann okay, wenn mehr Fisch mitgenommen, als Futter in das Gewässer geworfen wird. Weniger ist langfristig also oft mehr!

Karpfen – klingt wie ein absolut einheimischer Fisch. Zu unserem wohl wichtigsten Feiertag, ist er sogar zum traditionellen Essen geworden – Karpfen blau an Weihnachten. Aber ist er wirklich von hier? Eigentlich sind die Karpfen in unsere Gewässer eingewandert bzw. wurden von Fischzüchtern in unsere Gewässer eingesetzt. Karpfen stammen aus Asien und sind ursprünglich keine hier vorkommende Art. Es gibt sie aber schon so lange und so häufig bei uns, dass sie als einheimisch angesehen werden. In vielen hiesigen Gewässern wachsen die Karpfen zwar super, aber sie können sich dort nicht fortpflanzen, weil das Wasser im Sommer nicht warm genug ist.

TU ES MIT TI

OUT TACKLE

Manche rümpfen zwar die Nase, wenn das Gespräch unter Anglern auf das Thema Forellenseen kommt. Gemeint sind damit mehr oder minder große Teiche, in die Regenbogenforellen eingesetzt werden und zahlende Kundschaft sie wieder rausfangen kann. „Put & Take“ wird das genannt. Fakt ist aber, dass die Forellenseen aus der Angelwelt nicht wegzudenken sind – nicht nur in Deutschland – es gibt sie weltweit.

Das Angeln dort war über viele Jahre eher einfältig.

Es gab zwei Methoden: Mit Wasserkugel von oben oder auftreibend vom Grund. Als Köder gab es vor allem Maden.

5.

Mit Hightech auf Trout

Heute ist die Forellenseeangelei eine komplexe Wissenschaft für sich, die Begriffe für die Ausrüstung finden sich nicht mehr im Wörterbuch der deutschen Sprache, sondern bestehen aus englischen Begriffen und das, obwohl der Trend zur aufwendigen Technik aus Italien nach Deutschland geschwappt ist. Spaß macht es allemal mit dem „Ultralight-Trouttackle" der guten alten Regenbogenforelle nachzustellen. Rutenspitzen sind mittlerweile so dick, äh dünn, wie eine Bleistiftmine. Diese extrem leichten Hochleistungsruten ermöglichen es, sehr leichte Köder auszuwerfen und verführerisch langsam wieder einzukurbeln.

Leicht gemacht

In diesem Zusammenhang fällt oft das Wort Spoon. Spoon heißt Löffel auf Englisch. Gemeint ist damit ein Blinker, der die Form eines Löffels hat. Zum Forellenangeln sind die Spoons sehr klein und leicht. Sie sind dadurch ein perfekter Happen für die Fische, der sich spannend bewegt und tolle Farben hat. Passend zum Köder gibt es eine Spoon-Rute und Spoon-Rolle. Natürlich lassen sich mit diesen Ruten nicht nur Löffel fischen. Sie sind für alle modernen Angelmethoden am Forellensee gut. Und natürlich darf an solche sehr leichten Ruten keine Riesenrolle. Auch die Schnur muss entsprechend dünn sein, damit die Köder beim Auswerfen gut fliegen.

Arbeiten oder ausruhen

Grundsätzlich gibt es zwei Möglichkeiten, am Forellensee erfolgreich zu sein: aktiv angeln mit einer Rute in der Hand oder passiv mit einer oder zwei Ruten im Rutenständer. Beide Arten fangen gleich viele Fische und lassen sich manchmal sogar kombinieren. Während mit einer Rute ein Spoon ausgeworfen und sehr langsam wieder eingekurbelt wird, kann eine zweite Rute mit Forellenteig eine extra Chance sein. Aber von vorne: Beim passiven Angeln wird ein Köder ausgeworfen und die Rute liegt im Rutenhalter bis hoffentlich bald ein Biss kommt. Auch hierbei gibt es zwei Möglichkeiten – von oben oder von unten. „Von unten" bedeutet, dass ein leichtes Grundblei mit einem unterschiedlich langen Vorfach verwendet wird. Am Haken ist ein Köder, der schwimmt. Die Länge des Vorfachs bestimmt also, wie weit der Köder über dem Grund treibt. Das können 50 Zentimeter sein oder auch mal drei Meter – je nach Gewässer. Ein auftreibender

Köder, der in absolut jede Köderkiste gehört, ist ein spezieller Forellenteig – auch Paste genannt.

Richtiger Riecher

Paste gibt es in allen erdenklichen Farben, mit Glitter oder ohne – es gibt hier keine Grenzen. Ihr könnt auch zwei Farben mischen, zum Beispiel schwarz und weiß für einen ultrasichtbaren Kontrast. Vor allem aber riecht bzw. stinkt die Paste. Es gibt sie mit Knoblauch-, Bubble Gum-, Käse- oder Muschelaroma und etliche weitere Sorten. Richtig ist, was an dem Tag Fische fängt. Jeder hat seine Vorlieben und guten Erfahrungen. Es ist wichtig, dass Ihr Eurem

Köder vertraut. Sonst holt Ihr immer wieder rein und raus, ändert Farbe und Geschmack mit dem Ergebnis, dass der Haken mehr in Euren Händen ist, statt dort, wo ein Fisch ihn fressen kann.
Beim Fischen von unten bleibt während des Angelns die Rute im Rutenhalter und der Rollenbügel geöffnet. So kann die Forelle ein paar Meter mit dem Köder im Maul schwimmen. Nach ein paar Sekunden seid Ihr dann an der Rute und könnt anschlagen. So sitzt der Haken sicher, ohne dass er zu tief verschluckt wurde.

Untergang vor Fang

Beim Fischen „von oben" werden Posen verwendet. Diese klassischen Schwimmer haben zwei Funktionen: Sie halten den Köder in einer bestimmten Tiefe und sie zeigen an, wenn ein Fisch gebissen hat – die Pose geht dann unter. Dieser Untergang ist in der Vorstellung jedes Anglers immer wieder passiert, daher ist der Nervenkitzel beim Posenangeln besonders hoch.

Jeden Moment kann es passieren, und dann taucht sie tatsächlich ab… Spannung pur! Beim Posenangeln sinken die Köder statt aufzutreiben.

Es gibt für diesen Fall auch sinkenden Forellenteig mit allen Vorzügen aus Geruch und Farbe. Vor allem aber werden an der Pose natürliche Köder gefischt – Maden, Würmer, Bienenmaden. Diese werden so am Haken präsentiert, dass der Haken fast nicht mehr gesehen werden kann. Die Hakenspitze bleibt aber frei, sonst sitzt der Haken beim Anschlag nicht. Wenn eine Weile nichts gebissen hat, helfen ein paar Kurbelumdrehungen, wieder Aufmerksamkeit auf den Köder zu lenken. Ist eine Forelle im Jagdmodus in der Nähe, schnappt sie sich genau dann den Köder.

Aktiv zur Action

Die meisten Angler angeln mittlerweile aber „aktiv“ am Forellensee. Das Fischen mit Kunstködern ist sehr erfolgreich und gleichzeitig extrem spannend, da Ihr die Rute beim Biss in der

Hand haltet und nicht nur seht, dass ein Fisch angebissen hat, sondern das auch gleichzeitig im Arm spürt. In dem Moment bleibt die Zeit stehen und die Action, wegen der Ihr zum Angeln gegangen seid, beginnt. Das aktive Angeln am Forellensee ist wie normales Spinnangeln auf Hecht und Barsch, aber in Zeitlupe. Die Köder sind sehr leicht und spielen beim kleinsten Zug wie verrückt. Sie können also sehr langsam geführt werden. Neben den Spoons gibt es weitere Miniköder wie Spinner und Wobbler. Alle können sehr gut fangen. Jeder Tag ist anders, daher solltet Ihr am Anfang des Tages einige Köder durchtesten.

So findet Ihr schnell raus, was an dem Tag am besten läuft.

IN DER HAND:

Rute: *ultraleichte Spinnrute (oft Spoonrute genannt), 1 bis 10 Gramm Wurfgewicht, etwa 2,00 Meter bis 3,00 Meter lang*
Rolle: *Stationärrollen 1000er oder 2000er Größe mit geflochtener Schnur, ca. 0,06 Millimeter Durchmesser – Fluocarbonvorfach 0,12 Millimeter bis 0,20 Millimeter*

AM BAND:

Köder aktiv: *Spoons zwischen 1 und 5 Gramm, Minispinner und -Wobbler (Cranks genannt)*

Köder passiv: *Forellenteig fürs Fischen „von unten", Maden oder Bienenmaden fürs Fischen „von oben". Dünndrahtige Haken Größe 8 bis 12. Als Bleie sind Birnenbleie mit Öse geeignet, 4 bis 8 Gramm. Die Posen am Forellensee sollten 3 bis 4 Gramm Tragkraft haben. Sie fliegen weit genug und sind dennoch leicht unter Wasser zu ziehen.*

AUF TASCHE:

Forellen sind wählerisch, daher muss anfangs ausprobiert werden, welcher Köder an dem Tag fängt. Eine kleine Köderauswahl, verschiedene Farben und Gerüche sind hilfreich.

Tipp: *Mistwürmer vom Kompost sind manchmal der Bringer!*

FAKTEN ZUM FLEXEN

Wenn Du im Meer mal eine Regenbogenforelle fängst, könnte diese einen weiten Weg hinter sich haben. Es gibt wandernde Regenbogner in Amerika und diese treten auch schonmal die Reise über den Atlantik in die Ostsee an. Sie sind enorm stark und haben einen bläulichen Rücken. Sie schimmern dadurch wie blanker Stahl. Das gibt den Reise-Forellen auch ihren Namen: Steelheads, also Stahlköpfe!

Fishing for Future

In einigen Jahren engagierst Du Dich vielleicht Dich in Deinem Angelverein und kümmerst Dich um den Besatz von Gewässern. „Wir wollen mal Forellen fangen!“, wird Dir dann sicherlich als Wunsch der Mitglieder begegnen. Denke dabei daran, dass Regenbogenforellen nicht in unsere Gewässer gehören. Sie sind dabei sogar invasiv. Das bedeutet, dass sie den Lebensraum anderer hier heimischer Fischarten zerstören können. Den der Bachforelle zum Beispiel. Gibt es also ein kleines Bächlein, sollten lieber dort Bachforellen angesiedelt werden, statt Regenbogenforellen in den Vereinsteichen. Das überlasst lieber den Profis vom Forellensee oder Fischzüchtern in ihren eigenen Teichen.

5.

DA BIST DU PL
& CO. AN DER

Zugegeben war es schon einmal einfacher, im Meer einen Fisch zu fangen. Viele Fischbestände sind nicht mehr so, wie sie mal waren. Insbesondere beim Dorsch herrscht Krisenstimmung, vor allem in der Ostsee. Davon profitieren aber die zahlreichen Plattfische, die sich auf den Sandbänken tummeln. Plattfische können vom Strand aus, im Hafen oder auch vom Boot oder Angelkutter aus gefangen werden. Bei einer Angelkuttertour könnt Ihr einen ganzen Tag das Meer genießen, während Euch ein Profikapitän erst zum Fisch und dann sicher zurück in den Hafen fährt. Das wohl beste Schiff an der deutschen Ostsee ist die MS Einigkeit in Heiligenhafen – ***www.ms-einigkeit.de.***

So fängst Du den Flachmann

Plattfische gönnen sich gegenseitig gar nichts. Viele Montagen und Vorfächer nutzen daher den Futterneid von Flunder und Co. – allen voran der Buttlöffel. Ein Buttlöffel imitiert einen kleinen Plattfisch, der in der Nähe eines Wurms schwimmt, und in diesem Wurm befindet sich ein Haken. Die realen Artgenossen des Metallbutts schnappen ihm den Wurm quasi vor der Nase weg und landen in unserer Fischkiste – schicksalhafte Missgunst. Die Nähe von Buttlöffel und Wurm erzeugt ausreichend Futterneid, um Plattfische zu fangen. Wichtig ist dabei, dass der räumliche Zusammenhang von Wurm und Buttlöffel eindeutig ist. Das bedeutet, sehr kurze Vorfächer zu fischen. Die Scholle am Grund sieht dann bestenfalls erst den Buttlöffel, also einen kleinen Kollegen, der sich am Buffet vordrängelt, und dann direkt den Wurm, ohne die Chance, den Neid wieder abkühlen zu lassen. Es sieht schon komisch aus, sind wir Angler doch sonst eher auf Unauffälligkeit programmiert, wenn ein maximal 20 Zentimeter langes Vorfach angebunden wird. Doch in der Kürze liegt die Würze, vor allem, da der Buttlöffel beim Einkurbeln ja vom Köder wegschwimmt.

ATT – FLUNDER STSEE

6.

WWW.SAENGER-TTS.DE

Doppelchance

Ein kurzer Seitenarm oberhalb des Löffels, den einige Buttlöffel-Fischer mittlerweile einknoten, dreht den Spieß um. Der Metallflachmann schwimmt nun zusätzlich auf einen Wurm zu. An heiklen Tagen ist diese Präsentation sehr erfolgreich und verführt so machen beißunwilligen Nachläufer doch noch zum Biss. Außerdem gibt es immer mal wieder eine Doublette – also zwei Butte auf einen Streich. Auf die Spitze getrieben wird das Ausnutzen des Futterneides mit dem Flounder-Doubletten-Lifter. Er wird nicht fest eingebunden, sondern freilaufend mit einer Perle mit Kreuzbohrung oberhalb eines Buttlöffels montiert. Eine darunter angebrachte Auftriebsperle sorgt dafür, dass sich der Wurm mal vom Locklöffel wegbewegt, ein anderes mal schießt der Buttlöffel auf den Wurm zu. Ein Moment, in dem die Platten nur schwer ruhig bleiben können.

Die Gewichte des künstlichen Plattfischverführers liegen etwa zwischen 30 und 100 Gramm. Bei der Gewichtswahl sollte man sich nach Wassertiefe, Strömung und Drift richten. Der Köder muss hart am Grund gefischt werden, um die Plattfische dort abzuholen. Oft verfolgen sie Löffel und Wurm bis zum Boot oder Ufer. So kann sogar auf Sicht gefischt werden. Verfolgt ein Flachmann den Köder bis Du ihn sehen kannst, solltest Du die Montage nicht mehr bewegen – bis der Fisch zubeißt. Ein echter Nervenkitzel, wenn ein Fisch auf Sicht direkt am Boot einsteigt.

Stark mit Strom

Beim Fischen auf Platte kommt es vor allem auf die Wahl der richtigen Stelle an. Sandige Bereiche mit Mischgrund aus Steinen und Seegras sind am besten, auch reine Sandbänke können Honiglöcher sein, an denen es viel zu holen gibt. Die Tiefe ist oftmals nicht so entscheidend. Selbst in Bereichen mit zwei bis drei Metern Tiefe kann man Sternstunden erleben – nach unten gibt es aufgrund der geringen Tiefe der Bereiche keine Grenzen.

Es hängt vor allem von der Strömung ab, ob sich die Fischkiste mit ein paar Lagen Plattfischen füllt. Ohne Strömung liegen Plattfische faul im Sand und lassen sich nur vereinzelt mit der Neidmethode fangen. Normale Montagen, die stur am Grund liegen, fangen dann gar nicht.

Ist die Strömung zu stark, sind die Köder zum einen zu schnell aus dem Sichtfeld der Plattfische verschwunden, zum anderen sagt den Fischen ihr Instinkt, dass das Schnappen des Happens mehr Kalorien verbraucht, als dieser verspricht.

Wähl den Wurm

Als Köder kommen im Normallfall Wattwürmer oder Seeringelwürmer zum Einsatz. Wattwürmer erfreuen sich größerer Beliebtheit, vermutlich, weil sie leichter zu montieren sind. Mit einer Wurmnadel ist das ziemlich einfach. Fischfetzen und Garnelen als Kombiköder mit Würmern können manche Tage retten und fangen oft die größten Fische. Auch Kombinationen aus Watt- und Seeringler sind vielfach eine gute Wahl. Der Wattwurm wird zuerst aufgezogen und der festere Seeringelwurm sichert ihn vor dem Abrutschen.

Künstliche Kriecher

Mit Kunstködern Plattfische zu fangen, ist eine neue Disziplin. Echte Würmer zu kaufen, war ja nie frei von Hindernissen. Sie müssen oftmals einige Tage vor dem geplanten Angeltrip vorbestellt werden – wie der Wind dann weht und ob es möglich sein wird abzulegen, steht zum Zeitpunkt der Bestellung noch gar nicht fest. Wattwürmer müssen im Kühlschrank lagern, was manche Eltern gar nicht cool finden, und sie müssen frisch vom Angelladen geholt werden – umständlich, wenn sich das Geschäft weiter entfernt befindet. Künstliche Wattwürmer wurden daher von vielen vermisst und einige Angelgerätefirmen haben das erkannt.

Maßstäbe setzt dabei der neue innovative Doppelgänger-Wurm von Eisele Sea-Fishing. Der künstliche, aber sehr realistisch wirkende Wurm wird in Deutschland produziert und verfügt im Vergleich zu quasi allen anderen künstlichen Kriechern nicht über toxische Weichmacher. Zudem ist er mit »Kvalvik« behandelt – dem Lockstoff, der auf der Eftex 2016, der größten Angelmesse Europas, den Preis für die innovativste Neuentwicklung gewonnen hat. Kein Wunder, denn der Lockstoff ist das Endprodukt eines Forschungsprojektes des norwegischen Fischereiministeriums. Das Ziel der Forschungen bestand darin, ein Lockmittel für die Berufsfischerei im hohen Norden zu entwickeln, das den Einsatz von Naturködern überflüssig macht. Kvalvik gibt es auch aus der Tube mit einem Klebstoff versetzt, der es ebenso an anderen Kunstködern haften lässt.

Ich bin das Original!
Und ich der Doppelgänger!
6.

EXTRA: ALULATTEN FÜR ALLE

und di Chanc auf Meerforell

Hornhechte sind Saisonarbeiter im anglerischen Sinne. Wenn der Raps blüht, sind sie an den Küsten zu finden und zu fangen. Es gibt Tage, da stehen sie gestapelt direkt am Ufer.

Fischfetzen fängt

Hornies werden auf zwei unterschiedliche Arten gefangen: Ganz klassisch mit Wasserkugel oder einem Sbirollino mit einem einfachen Vorfach und einem mit Heringsfetzen bestückten Einzelhaken. Diese Methode hat ganz sicher die meisten Silberpfeile auf dem Gewissen. Die Vorzüge liegen dabei auf der Hand: Der Köder ist einmal ausgeworfen für lange Zeit an fängigen Stellen im Wasser. Der Heringsfetzen sieht in Hornie-Augen nicht nur superlecker aus, sondern duftet auch noch verführerisch. Und vor allem sitzt der Haken beim Anhieb meist sicher.

Das Setzen des Hakens ist beim Hornhechtangeln keinesfalls einfach. Sein langer Schnabel treibt Kunstköderangler manchmal zur Verzweiflung. Womit wir fast bei der zweiten Methode angekommen sind. Vorher noch der Hinweis, dass Heringsfetzen, vor allem wenn es sich um Herbstheringe handelt, durch den hohen Fettgehalt nicht richtig absinken, sondern eher einsinken. Manchmal ist es super, wenn der Köderstreifen direkt unter der Oberfläche flattert – besonders nah am Ufer. Stehen die Fische jedoch tiefer und weiter draußen, hilft ein kleines Klemmblei, den Fischfetzen auf Fangtiefe zu bekommen. Sardellenfiltes aus dem Glas, mit Ködergarn am Haken befestigt, bringen übrigens auch Fische.

JURI

Schwieriger Schnabel

Aber nun zurück zu den Kunstködern, die der Hornhecht mit seinem Schnabel attackiert, statt sie ins Maul zu nehmen. Blinker werden daher auf zwei unterschiedliche Weisen scharf gemacht. Statt den Drilling wie gewohnt mit einem Sprengring zu befestigen, wird ein kurzes Stück Schnur oder ein feiner Wirbel zwischen Blech und Haken eingefügt. Die Hoffnung dabei ist, dass einer der Drillingshaken beim Biss von außen fasst.

Zahnseide für Hornhecht

Die zweite Variante kommt ganz ohne Haken aus. Anstelle des Hakens, der ohnehin nur schwer Halt findet, wird feinfaserige Seide in den Sprengring des Blinkers eingeschlauft. Schließt sich der Hornhechtschnabel über der Seide, verfängt sich das Garn in den feinen Zähnen des Fisches. Das funktioniert wunderbar. Doch einen Nachteil hat diese Methode leider auch.

EISELE
SEA-FISHING

Taucht zwischen den Hornhechten mal eine Meerforelle auf, was durchaus der Fall sein kann, da die Angelstellen dieselben sind, hält die Seide diesen Silberschatz nicht fest. Wer mit Kunstködern fischt, muss also Prioritäten setzen. Die meisten Zufalls-Mefos gibt es allerdings auf Fischfetzen.

Alle Tipps sind für das Angeln mit dem Buttlöffel, weil es einfach spannend und erfolgreich ist!

IN DER HAND:

Rute: ***vom Ufer, stabile Spinnrute 30 bis 80 Gramm Wurfgewicht, etwa 3,00 Meter bis 3,30 Meter lang***
Vom Boot oder Kutter, starke Spinnrute 60 bis 120 Gramm Wurfgewicht, etwa 2,20 Meter bis 2,70 Meter lang

Rolle: ***Stationärrollen 4000er oder 5000er Größe mit geflochtener Schnur ca. 0,14 mm Durchmesser – Vorfach monofile Schnur 0,35 mm bis 0,50 mm***

AM BAND:

Buttlöffel in allen Farben, gut ist, was an dem Tag fängt, Gewicht zwischen 30 und 120 Gramm, Haken Größe 1 bis 0/4, nicht zu klein, sonst fängst Du zu viel Kleinkram.
Das Vorfach sollte mit Perlen, Schläuchen, Pailletten verziehrt sein – hier kannst Du selber sehr kreativ werden.

AUF TASCHE:

Eine stabile Schere hilft beim Ausnehmen und Küchenfertigmachen – das ist viel einfacher, als mit dem bei allen anderen Fischen üblichen Messer!

FAKTEN ZUM FLEXEN

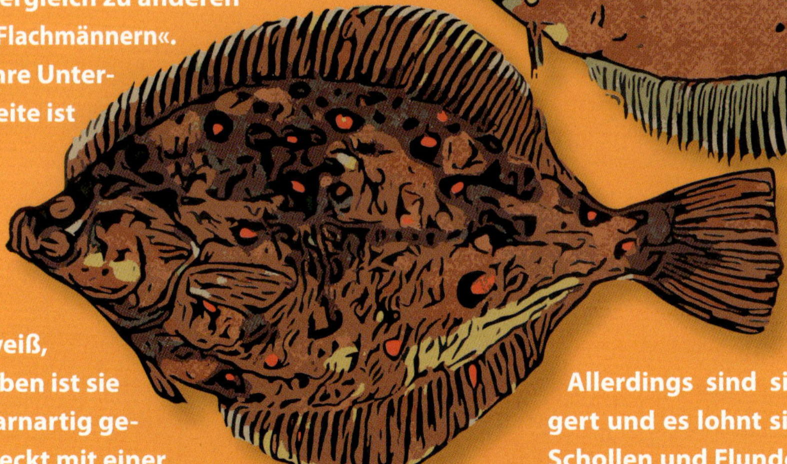

Plattfische kommen in der Ostsee nicht nur sehr zahlreich vor, es gibt auch verschiedene Arten. Sie zu unterscheiden, ist in den meisten Fällen relativ einfach. **Flundern** werden in den meisten Teilen der Ostsee am häufigsten gefangen. Sie sind recht langezogen im Vergleich zu anderen »Flachmännern«. Ihre Unterseite ist weiß, oben ist sie tarnartig gefleckt mit einer sehr rauen Haut – Handschuhe beim Verarbeiten sind sehr empfehlenswert. Fische bis 50 Zentimeter gehen in der Ostsee an den Haken. Die **Kliesche** ist der kleinste und zarteste Vertreter der Ostsee-Plattfischfamilie. Wird er gegen das Sonnenlicht gehalten, hat man sogar einen Röntgeneffekt. Seine Haut auf der Augenseite oben ist glatt, unten ist er weiß wie seine Familienmitglieder. Die **Scholle** ist optisch der markanteste Plattfisch. Die roten Punkte sind ihr Markenzeichen. Die Haut ist zum Kopf hin rau, aber am restlichen Körper wesentlich glatter als bei der Flunder. Die Scholle ist zudem runder.

Plattfische sind nach der Fortpflanzung extrem gefräßig. Massenfänge sind an der richtigen Stelle dann gut möglich. Allerdings sind sie dann stark abgemagert und es lohnt sich kaum, sie zu braten. Schollen und Flundern laichen im Frühjahr, Kliesche im Sommer. Die besten Zeiten für Küchenfische sind also Spätsommer und Herbst. Im Frühling macht das Plattfischangeln natürlich auch Spaß. Wenn die Fische beißen wie verrückt, sollte rechtzeitig auf andere Fischarten gewechselt werden. Hornhechte und Meerforellen haben dann Hochsaison.

PLASTIC IN

Mee(h)r als sauber bleiben

Müll im Meer ist ein zentrales Problem, das nicht nur das marine Ökosystem selber belastet, sondern auch uns Menschen. Bereits seit 30 Jahren haben Meeresbewohner Mikroplastik im Magen und mittlerweile steckt es auch im Fischfleisch und landet somit auf unseren Tellern. Angler als Meeresnutzer stehen auch immer wieder in Verdacht, erheblich zu der Problematik beizutragen. Ein aktuelles Strand-Monitoring, (durchgeführt vom Thünen Institut für Ostseefischerei im Auftrag des Niedersächsischen Landesbetriebs für Wasserwirtschaft, Küsten- und Naturschutz (NLWKN) in Kooperation u.a. mit dem Deutschen Angelfischerverband), zeigt jedoch, dass lediglich 0,3 % des Müllanteils an der Nordsee und 0,6 % an der Ostsee der Angelfischerei zuzuordnen sind.

PHfK: „Christopher, Angler lassen also so gut wie keinen Müll an den Stränden, an denen sie angeln zurück – warum sammelt ihr trotzdem?"

Christopher Heiland: „Auch wenn wir Angler keinesfalls die Hauptverursacher sind, betrifft uns dieses Problem mit am meisten. Plastikmüll, der am Strand angespült wird, gehört dort nicht hin und schadet der Umwelt. Wenn ich mit der Fliegenrute an den Stränden der Ostsee unterwegs bin, stört mich das einfach."

PHfK: „Das geht sicherlich vielen Menschen so. Du bist aber einer der wenigen, der deshalb tatsächlich aktiv geworden ist. Wann hast Du angefangen, etwas dagegen zu unternehmen?"

Christopher Heiland: „Plastic in the basket ist eine dänische Initiative, geründet von Nikolaj Korsholm. Das war die Inspiration. Seit gut drei Jahren existiert der deutsche Ableger und immer mehr Angler, aber auch andere Strandnutzer, sammeln Müll im Rahmen dieses Engagements."

PHfK: „Warum Plastic in the basket, also Plastik in den Korb? Geht nicht auch ein Beutel?"

Christopher Heiland: (lacht) „Ja, natürlich! Ursprünglich war es eine Aktion von Fliegenfischern. Dazu zähle ich ja auch. Wir haben immer einen Korb vor dem Bauch hängen – einen sogenannten „Schusskorb". Darin lagern

HE BASKET

Fishing for Future

wir die Fliegenschnur, damit sie sich nicht in Steinen oder Pflanzen verhängt. Die Idee war, diesen Korb auf dem Rückweg vom Angeln als Behälter zu nutzen, um Plastikmüll mitzunehmen und zu entsorgen. Mittlerweile haben wir aber auch einen Beutel „Made in Germany" entwickelt, den andere Angler am Gürtel oder in der Jackentasche mit ans Ufer nehmen und gefüllt wieder mit zurückbringen."

PHfK: „Plastic in the basket ist mittlerweile über das Angeln hinaus bekannt. Wie habt Ihr das geschafft?
Christopher Heiland: „Dank Spenden und Sponsoring konnten wir den Beutel quasi für „Plastic in the bag" entwickeln. Zu den Unterstützern zählt auch die „Ostseecard". Daher liegen unsere Sammelbeutel nun auch in Tourismuszentralen, zum Beispiel in Travemünde, aus. Zudem gibt einen Strandaschenbecher von uns, der in jede Hosentasche passt."

PHfK: „Und was passiert mit dem Müll?"
Christopher Heiland: „Bisher wird dieser von dem Sammlern selbst entsorgt. Wir planen aber einen Schritt weiter zu gehen. An den eher abgelegenen Stränden, an denen wir Angler unterwegs sind, stehen oft gar keine Mülleimer. Das wollen wir ändern und gerade dort Plastic in the basket-Mülltonnen aufstellen. Diese werden mit unserem Logo gekennzeichnet sein. Angler, die einen vollen Beutel vorfinden, sollen den austauschen und erhalten bei Partnerangelgeschäften einen neuen sauberen Beutel zum Nachfüllen. Diesen haben sie im besten Fall schon vorher geholt und immer in der Angeltasche."

PHfK: „Christopher, danke für das Interview und Dein Engagement für mehr Nachhaltigkeit. Du bist der lebende Beweis, dass Angeln eben viel mehr ist als Fische zu fangen!"
Mehr Informationen zum Mitmachen bei „Plastic in the basket Germany" gibt es unter:
www.plasticinthebasket.de

Christopher Heiland ist hauptberuflich Inhaber eines mit Herz gestalteten Fliegenfischergeschäftes in Lübeck. Die Begeisterung fürs Fliegenfischen hat er von seinem Vater, der leidenschaftlicher Lachsangler war. Neben hochwertiger Angelausrüstung, bietet er Einsteigern Wurfkurse und Workshops zum Fliegenbinden an. In seinem Laden gibt es auch Plastic in the basket T-Shirts. Deren Erlös fließt eins zu eins in das Projekt.

Weitere Infos unter: www.der-heilaender.de

6.

AN DER

So klappt es in Dänemark!

Sommerferien in Dänemark haben die meisten Kinder irgendwann schon einmal erlebt – und dort vielleicht sogar geangelt. Nein, bisher nicht? Dann wird es Zeit! Auf in die Region Vesterhavet rund um den Küstenort Hvide Sande, denn da werden Anglerträume wahr.

Die Region Vesterhavet liegt an der Westküste Dänemarks, also links auf der Landkarte an der Nordsee. Sehr bekannt ist der Küstenort Hvide Sande. Hvide Sande heißt weißer Sand. Das gilt ganz sicher für die traumhaften Strände an der Nordseeseite. In Hvide Sande gibt es aber sozusagen ein zweites Meer – der Ringkobing Fjord. Er ist eigentlich eine Bucht der Nordsee, aber so unterschiedlich, dass sie wie ein anderes Gewässer wirkt. Zwischen den zwei Meeren liegt ein Landstreifen aus Sand, Dünen und vielen Ferienhäusern – eins davon können Eure Eltern vielleicht mal mieten.

ORDSEEKÜSTE
DÄNEMARK
NORDSEE
Hee
Spjald
No
Klegod
Ringkøbing
Nr. Lyngvig
Velling
Lem
Hvide Sande
Stauning
Ringkøbing Fjord
Skjern
Haurvig
Skjern Å
Skodbjerge
Tarm
Bjerregård
Bork Havn
Nr Bork
Nymindegab
Nørre Nebel
FÄNGIGE STELLEN FÜR:
Dorsch
Plattfisch
Hering
Hecht
Barsch
Lachs
7.

Bleifrei in der Brandung

Zugegeben! Bleifrei ist etwas übertrieben. Gemeint ist hier, dass ihr keine sehr schweren Bleie und lange Brandungsruten braucht, um vom Strand aus zu angeln. Am Strand von Hvide Sande rollen zwar meistens ziemlich große Wellen an, mit normalen Spinnruten und leichten Gewichten zu fischen, geht aber trotzdem und ist sehr

erfolgreich. Ihr müsst vorm Fischen nur das „Wasser lesen". Dort, wo die Wellen brechen, ist es flach – Sandbank. Dort, wo die Wellen nicht brechen, ist es tief – Rinne. Ihr sucht Euch eine Stelle am Strand, an der zwischen Strand und Sandbank eine Rinne verläuft. Weiter draußen also brechen die Wellen, aber dichter am Ufer laufen die Wellen wieder seicht aus –

dann seid Ihr genau richtig. Plattfische, vor allem Flundern, gibt es hier viele, sie lauern in der Rinne. Weitwürfe sind sehr oft gar nicht nötig. Eine normale Spinnrute, wie zum Hecht-, Zander- oder Meerforellenangeln, reicht vollkommen aus.

Dazu ein Buttlöffel am Ende der Schnur und etwa einen Meter davor ein kurzer Seitenarm mit einem Wattwurm. Die und auch die sehr fängigen Seeringelwürmer gibt es beim Angelladen Kott in Hvide Sande am Hafen. Die Mitarbeiter dort sind selber Angler und geben sehr gerne Tipps. **Infos: www.kottfritid.dk**

Hering und Makrele im Hafen

Der Hafen von Hvide Sande ist ebenfalls ein super Angelrevier. Das weiß allerdings jeder und es kann ziemlich voll sein. Vor allem ist dies in der Heringssaison der Fall. Die silbernen Schwarmfische ziehen im Frühjahr in den Ringkobing Fjord, um sich dort fortzupflanzen. Aufgehalten werden sie von der Schleuse zwischen Nordsee und Fjord und sammeln sich dort in großen Schwärmen. Sogar ein Heringsfestival gibt es in Hvide Sande, so erfolgreich ist das Heringsangeln dort.

Das Angeln ist nicht kompliziert. Wieder reicht eine gewöhnliche Spinnrute aus. Daran wird ein Heringsvorfach mit mehreren Haken, verziert mit Fischhaut, und einem Heringsblei montiert – schon geht es los. Im Sommer dann ziehen große Makrelenschwärme in den Hafen – meistens, wenn wenig Wind ist, am besten aus Osten. Bei der dann ruhigen See wagen sich viele kleine Miniheringe in den Hafen und die Makrelen folgen ihnen, um sie zu fressen.

Makrelen werden wie Heringe geangelt, mit einem etwas anderen Vorfach mit Federn am Haken statt Fischhaut. Die größten Makrelen werden aber mit Meerforellenblinkern gefangen.

Lust auf Lachs?

Durch die Schleuse schwimmen nicht nur Heringe in ihr Laichgebiet. Auch die Lachse sind in Hvide Sande auf Achse. Der Ringkobing Fjord wird durch den Fluss Skjern gespeist. Dorthin steigen die meisten Lachse Dänemarks zur Fortpflanzung auf. Dieser Lachszug ist so berühmt, dass es am Skjern in dem gleichnamigen Ort Skjern sogar ein Lachsmuseum gibt. Dort gibt es neben viel Wissen auch alle Informationen zum Lachsangeln in der Skjern. Klar, dass ein so toller Fischbestand geschützt werden muss. Alle aktuellen Regeln gibt es vor Ort im Laksens Hus, also Haus des Lachses, oder vorab online unter www.riverfisher.dk. Wer seine Chancen auf einen der begehrten Fische erhöhen möchte, findet dort auch einen Angelguide, der Euch hilft, den Lachs Eures Lebens zu fangen. Das Gute dabei: Die Preise für das Lachsangeln in der Skjern halten sich im Vergleich zu anderen Lachsflüssen in Norwegen oder Irland in Grenzen und ein Versuch sollte auf jeden Fall in die Urlaubskasse passen. Extra Angelausrüstung braucht es nicht. Wieder reicht die normale Spinnrute aus. Die aktuell besten Köder, oft sind das spezielle

7.

Spinner, gibt es auch im Laksens Hus, und dort weiß man am besten, was da Fische fängt, und sie entsprechen den Regeln, was zum Beispiel die Hakengröße angeht. Im Skjern gibt es übrigens immer mal wieder große Hechte, die sich den Lachsblinker reinziehen.

Salzige Süßwasserräuber

Da das Salzwasser des Ringkobing Fjords durch Flüsse wie den Skjern mit Süßwasser durchmischt wird, gibt es dort auch Hechte und Barsche. Wenn keine Lachs-, Herings- oder Makrelensaison ist und der Wind mal wieder zu stark ist für das Angeln vom Strand aus, könnt Ihr also Süßwasserräuber im Salzwasser fangen. Die Topstelle dafür liegt am südlichen Anfang des Fjordes in Nymindegab. In der Kurve zwischen Hinterland und Küstenstreifen seht Ihr einen großen Steg am Ende des Fjordes. Obwohl die Stelle jeder kennt, ziehen dort Barsche und Hechte entlang der Ufer. Mit kleinen Spinnern und Gummifischen bleibt es oft nicht lange ruhig an der Rute! Achtung: Es gelten Schonzeiten – im Angelladen Kott in Hvide Sande gibt es ein Infoheft namens Lystfisker, also Sportfischer in deutscher Sprache – dort findet Ihr alle Regeln. Die Spinnrute reicht wieder aus!

Krasse Kuttertouren

Vom Hafen aus in Hvide Sande startet das Schiff MS Solea auf unterschiedliche Angeltouren.
Etwas seefest solltet Ihr für eine Tour auf die Nordsee allerdings sein. Keine Wellen gibt es eigentlich nie. Wer nicht

seekrank wird, kann aber richtig wilde Touren mit tollen Fängen erleben. An einigen Tagen der Woche fährt die MS Solea unweit des Hafens morgens und abends auf Makrelentour. Nicht selten sind die Fischkisten bei den Kurztrips gut gefüllt. Richtig rund geht es einmal die Woche. Dann fährt das seetüchtige Schiff Richtung Weißes Riff. Das ist ein Unterwasserabhang aus Kalkstein, der Richtung Meer langsam abfällt. Vor allem Dorsche mögen das Weiße Riff. Es gibt aber auch Seelachse, Leng und Seehechte. Die Touren sind anstrengend und mit zwölf Stunden Fahrzeit auch recht lange, aber es gibt kein besseres Meeresangeln in Dänemark, als bei diesen Touren. Hier reicht die Spinnrute dann tatsächlich nicht mehr aus. Stattdessen werden kürzere kräftige Bootsruten eingesetzt und Pilker um 200 Gramm Gewicht. Den Drilling solltet Ihr vom Pilker entfernen und die Haken lieber etwas darüber montieren und mit roten Twistern bestücken. So bleibt Ihr nicht am Grund oder einem der Schiffswracks hängen und fangt dennoch zuverlässig Dorsch auf Dorsch!

Infos: www.solea.dk

IN DER HAND:

Rute: ***Spinnrute, 10 bis 60 Gramm Wurfgewicht, etwa 2,70 Meter bis 3,00 Meter lang für alles außer der Kuttertour. Für die Kuttertour kurze Bootsrute, 2,00 Meter bis 2,40 Meter lang, etwa 200 Gramm Wurfgewicht***

Rolle: ***Stationärrollen 3000er oder 4000er Größe mit geflochtener Schnur, ca. 0,12 Millimeter Durchmesser für die Spinnrute. Für den Kutter Stationärrollen 5000er oder 6000er Größe mit geflochtener Schnur, ca. 0,25 Millimeter Durchmesser oder eine stabile Multirolle***

AM BAND:

Köder: ***Buttlöffel und Wattwürmer für die Brandung, Spinner und Gummifische auf Barsch und Hecht. Zum Lachsangeln lasst Euch im Laksens Hus beraten.***
Pilker um 200 Gramm für den Kutter und Vorfächer mit einem oder zwei Twistern darüber – kräftige Haken sind ein Muss

AUF TASCHE:

In Dänemark müsst Ihr keine Angelprüfung machen oder einen deutschen Angelschein vorweisen. Für Kinder ist das Angeln also ganz frei und auch umsonst. Für Eltern aber, also für alle über 18 Jahre, muss eine staatliche Angellizenz gekauft werden – keinesfalls vergessen, denn das wird kontrolliert.

Infos: www.fisketegn.dk

7.

KÖHLER UN

Norwegen für Kids

Bei Norwegen fangen alle Angler an zu jubeln oder zu träumen – je nachdem, ob man schonmal dort war oder nicht. Norwegen ist für Angler aus Deutschland ein absolutes Paradies. Es gibt wundervolle Landschaft, Elche und vor allem viele große Fische. Zu groß für Kinder? Keinesfalls! Mit ein paar Tipps und Tricks klappt es ganz sicher mit Eurem Traumfisch aus dem Nordatlantik.

KABELJAU

Fahren lohnt sich

Norwegen hat eine relativ kleine Fläche, aber ist sehr lang in seiner Ausdehnung von Süd nach Nord – eine gerade Linie durch das Land wäre 2.500 Kilometer lang. Die Küstenlinie mit allen Buchten und Fjorden misst sogar unfassbare 30.000 Kilometer. Klar, dass es dort reichlich Platz zum Angeln gibt, denn das schmale Land grenzt an seiner Westseite überall an das Meer. Dabei gilt: Je weiter nördlich geangelt wird, desto größer sind die Fische! Ungefähr ab der Mitte auf Höhe der Insel Hitra wird es richtig spannend, denn ab dort nach Norden gibt es alle Fischarten, die zum Traumfang werden können. Wenn Ihr also nach Norwegen fahrt, investiert ruhig in etwas mehr Fahrzeit Richtung Norden, denn es zahlt sich sicher aus!

Richtige Rolle

Für die starken Fische Norwegens braucht es eine gute Angelausrüstung. Sie muss schon etwas einstecken können, aber sie darf auch nicht zu viel wiegen. Sonst schafft Ihr es nicht, die Angel über eine längere Zeit in der Hand zu halten und dann auch noch Fische zu drillen. Da in Norwegen eigentlich immer vom Boot aus geangelt wird, reichte eine kurze Bootsrute von maximal zwei Metern Länge. Bei der Rute könnt Ihr gerne sparen. Schon sehr günstige Modelle machen einen guten Job. Anders sieht es bei der Rolle aus. Sie muss nicht nur die Drills mit den schweren Fischen aushalten, sondern auch die Dauerbelastung der recht schweren Köder – denn in Norwegen wird gekurbelt. Dazu gleich mehr. Also, wünscht Euch eine gute Rolle zu Weihnachten oder zum Geburtstag von mehreren zusammen – es lohnt sich. Mein Favorit im günstigeren Bereich ist momentan die Daiwa Freams in der Größe 4000 für rund 100 Euro. Wer etwas gespart hat und eine Rolle haben möchte, die vermutlich ein Leben lang hält, der findet mit der Superstar 3000 von Jigging Master ein Kraftpaket im Kleinformat. Günstigere Rollen tun es auch – aber eher nur einen Urlaub lang.

Immer Durchdrehen

Es gibt viele Fischarten in Norwegen: Dorsche, Heilbutt, Seelachs, Pollack, Schellfische, Steinbeißer usw. Für jede Fischart gibt es eigene Methoden und Köder. Eine Chance auf alle Fischarten habt Ihr, wenn Ihr richtig durchdreht – aber langsam. Stellt Euch vor, Ihr steht auf dem Boot auf einem Fjord in Norwegen. Um Euch herum tolle Berge. Das Boot treibt vom Wind oder der Strömung oder beidem.

Ihr stellt Euch auf die Bootsseite von der Wind oder Strömung kommen. Öffnet den Rollenbügel und lasst den Köder am Boot auf Tauchfahrt Richtung Grund. Da der Wind Euch ins Gesicht pustet, treibt das Boot vom Köder weg. So kann die Schnur nicht unter das Boot gelangen. „Okay! Aber was für ein Köder?", fragt Ihr Euch jetzt zurecht. Es gibt zwar unendlich viele Köder am Markt, aber für alle Fischarten richtig liegt Ihr mit einem mittelgroßen Gummifisch. Mittelgroß bedeutet in diesem Fall etwa 10 bis 15 Zentimeter lang. Dieser wird an einem Jigkopf zwischen 60 und 120 Gramm montiert. Damit seid Ihr für die allermeisten Fälle und Fische schon gut gerüstet! Klar, dass der Haken scharf und stabil sein muss. Qualität zahlt sich aus in Norwegen. Die

Angeltaktik ist dann schnell erklärt. Irgendwann kommt der Gummifisch am Grund an. Zwischen 15 und 50 Metern sind oft gut dabei. Ihr schließt den Bügel und kurbelt in Zeitlupe ein. Der Gummifisch schwimmt so durch die gesamte Wassersäule. Am Grund kann ein Dorsch einsteigen, etwas darüber ein Pollack und Seelachse stehen oft weiter oben.

Heilbutt im Blick

Auf den letzten Metern vorm Boot kann dann etwas passieren, das bei Euch fast vielleicht zum Herzstillstand führt. Langsam erkennt Ihr den Gummifisch mit Blick ins Wasser. Doch was ist das braune Teil denn direkt dahinter? Ihr kurbelt weiter und erkennt plötzlich, dass es ein Heilbutt ist. Ganz gemütlich ist er vom Grund bis zum Boot hinter dem Gummifisch hergeschwommen und hat ihn dabei ganz genau angesehen. Jetzt heißt es Ruhe bewahren und nicht rucken oder zucken. Der Köder muss ganz ruhig gehalten werden. Abwarten, manchmal dauert es über eine Minute, bis Ihr plötzlich den Gummifisch nicht mehr sehen könnt. Wo ist der denn jetzt? Na, im Fischmaul! Bis Ihr das kapiert habt, ist die Rute schon krumm und der Heilbutt samt Köder auf dem Weg zum Grund. Das passiert tatsächlich gar nicht so selten. Also immer konzentriert bleiben, immer langsam kurbeln, nicht rucken oder zucken bis der Köder wirklich aus dem Wasser kommt, denn bis dahin kann alles passieren in Norwegen!

EISELE
Högy
KVALVIK
Pilker
Spydro
SOLVKROKEN

Fisch und Freunde mit Familie

Für die erste Reise nach Norwegen ist es gut, mit jemandem zu fahren, der schon mal da war und weiß, was los ist. Das kann ein Freund oder jemand aus der Familie sein. Ganz viel Spaß und Wissen gibt es auf einer ganz speziellen Gruppenreise nach Norwegen – lest selber, was auf dem Eisele Family Fishing Camp abgeht – vielleicht seid Ihr beim nächsten Mal auch dabei:
Mit dem Motto „Köhler, Kids & Kabeljau" hatte das Team von Eisele Sea-Fishing im Sommer 2023 erstmals zu einem Familien-Angelcamp in Norwegen aufgerufen. Zu den drei K´s sollten sich im Laufe der Veranstaltungswoche weitere K´s gesellen: Kapitale, klasse Wetter, Kulinarik und sogar Kunst.

Die Veranstaltung fand in Nord-Flatanger in Utvorda statt. Der Ort war perfekt gewählt und vorab getestet. Ein Schärengarten sollte Fischerei für nicht seefeste Kinder und auch Erwachsene sichern und bei Wind Ausfalltage verhindern.

An windstilleren Tagen sollte es raus auf die Plateaus weiter vor der Küste gehen. Und, vor allem, sollten die Teilnehmer eine echte Chance haben, ihren oftmals allerersten Heilbutt zu fangen.
Die Möglichkeit mit leichtem Gerät in eher flachem Wasser zu fischen, war für die kleineren Gäste besonders hilfreich. Flach zu fischen hat aber keinesfalls bedeutet, dass nur „Kleinkram" an den Haken ging. Schon direkt vor der Anlage und direkt außerhalb des Schärengartens landeten stramme Pollacks und Dorsche in den Fischkisten. Sogar vier Heilbutte wurden in weniger als zehn Bootsminuten Entfernung von der Anlage gefangen.

Das Wetter meinte es an fast allen Tagen gut mit der Gruppe und ermöglichte weite Ausfahrten auf die Offshore-Plateaus, die selbst für Norwegen absolute Topstellen sind. Die Fischpalette und die Durchschnittsgrößen waren enorm: Seelachs, Pollack, Dorsch, Leng, Heilbutt, Rotbarsch, Lumb und weitere Heilbutte landeten in den Fischkisten der glücklichen Fänger. Nicht selten mussten die Eltern und auch Großeltern ihren Sprösslingen beim Drill helfen und klatschten sich danach überglücklich ab.

Auch das Rahmenprogramm war enorm attraktiv. Das Eisele-Team kochte an vier Abenden Rezepte aus dem Buch „Hook&Cook". Die Kids

konnten sich an einem Sushi-Abend darin ausprobieren, die japanische Köstlichkeit selber zuzubereiten. Michael Eisele, der persönlich mit seinem Sohn angereist war, berichtete vom Fang seines Weltrekorddorsches. Camp-Inhaber Sven Gust, der professioneller Taucher und Filmemacher ist, zeigte beeindruckende Bilder von Norwegens Unterwasserwelt, die Angler sonst nicht zu Gesicht bekommen. Preise gab es auch, gemessen an anglerischer Kompetenz, die allerdings beim Zielwerfen aufgetragen wurde. „Nachhaltigkeit ist uns wichtig. Das gilt vor allem in unserer Vorbildfunktion für den Nachwuchs", betont Michael Eisele, warum der beste Werfer und nicht die Fänge prämiert wurden.

Mitzunehmen war aber neben Preisen, Fischen und Erinnerungen vor allem Angelwissen. Das Team-Eisele stand den Teilnehmern mit Rat und Tat zur Seite: Knoten, Filetierkurs, Fotokurs, Technik, Taktik, Köder – die Lernkurve der

8.

Norwegenneulinge war steil. Wer bereits Erfahrung hatte, konnte etliche Kniffe dazulernen. Mit den Schwanzflossen der Heilbutte, Acrylfarbe und der richtigen Technik wurden am Abschiedsabend sogar Kunstdrucke auf Stoff und auch T-Shirts mit selbst gefangenem Fischmotiv kreiert.

Info:

*Informationen über Reisen mit dem Team-Eisele gibt es unter **www.sea-fishing.de***
*Das **Eisele Family Fishing Camp** fand in Utvorda in Flatanger statt, **www.nord-flatanger.no***
*Die Rezepte der Kochabende stammen aus dem Buch **„Hook&Cook" – ISBN 978-3-275-02262-5***
*Die Geschichte von Michael Eiseles Weltrekorddorsch ist nachzulesen in dem Buch **„Der Fang meines Lebens" – ISBN 978-3-275-02230-4***

AM BAND:

Gummifische zwischen 10 Zentimetern und 15 Zentimetern Länge, gute Farben: weiß, weiß-schwarz, pink, braun (motoröl), Jigkopf zwischen 60 Gramm und 120 Gramm mit gutem Haken, zur Montage stabile Meereswirbel
***Top-Tipp:** Der Draufganger-Gummifisch mit Twitcher Jigkopf von Eisele Sea-Fishing*

AUF TASCHE:

In Norwegen kann das Wetter jederzeit wechseln. Gute Regenkleidung ist Pflicht. Die muss nicht teuer sein. Eine gebrauchte Segelhose oder Segeljacke gibt es besonders in den Wintermonaten für sehr kleines Geld zum Beispiel bei www.kleinanzeigen.de. Segler machen schon länger gute Kleidung als Angler – die Sachen sind top und Ihr in Norwegen immer perfekt gekleidet.

IN DER HAND:

***Rute:** stabile, aber leichte Bootsrute 80 bis 150 Gramm Wurfgewicht, etwa 2,00 Meter lang*

***Rolle:** Stationärrollen 4000er oder 5000er Größe mit geflochtener Schnur ca. 0,20 Millimeter Durchmesser – Vorfach monofile Schnur 0,60 Millimeter bis 0,80 Millimeter*

Fishing for Future

Manche Fische werden nach dem Fang nicht entnommen, sondern zurückgesetzt. Es gibt zahlreiche Gründe dafür – welche genau wird im Kapitel Catch and Release erklärt. Hier geht es darum, was beim Angeln getan werden kann, damit zurückgesetzte Fische dies auch schadlos überleben. Es gibt unterschiedliche Faktoren, die die Überlebensrate von zurückgesetzten Fischen maßgeblich beeinflussen.

Sanfte Landung

Es beginnt mit der Ausrüstung. Um den Fisch schonend aus dem Wasser zu heben, ist ein Kescher zwingend notwendig. So weit, so gut. Doch habe ich den richtigen, gerade für die großen Fisch in Norwegen? Zur Angelausrüstung zählt auch eine lange Zange oder eine Arterienklemme. Für den Fall, dass der Haken im Fischmaul verschwunden ist, hilft sie, den Haken zu lösen. Auch gegaffte Fische können zurückgesetzt werden. Beim Heilbuttangeln ist das der Fall bei den großen Exemplaren über zwei Meter, die zurückgesetzt werden müssen. Wichtig ist das exakte Gaffen im Maul und zwar von innen nach außen. Beim Gaff sollte der Widerhaken abgetrennt sein, um das Lösen des Gaffs so schonend wie möglich zu gestalten.

Faire Vereinbarungen

Neben der Ausrüstung sind auch klare Absprachen wichtig. Ein Beispiel: In Nordnorwegen geht ein größerer Heilbutt an den Haken. Nach der Landung, bei der der Fisch ins Boot gehoben wurde, fällt auf, dass er doch nicht mitgenommen werden sollte und wird zurückgesetzt. Das hat jetzt einen großen Nachteil, denn der Fisch hätte schonend im Wasser vom Haken befreit und freigelassen werden können. Im Wasser wirkt nicht nur die Schwerkraft, sondern auch entgegengerichtet der Auftrieb des Wassers – auch auf

FAKTEN ZUM FLEXEN

Fische. Außerhalb des Wassers fällt der Auftrieb weg und der Fisch wird „schwerer". Sein Körper ist nicht dafür gebaut. Beim Halten des Fisches sollte dies unbedingt berücksichtigt werden. Am ehesten nehmen Fische in der Waagerechten keinen Schaden – ein großer schwerer Fisch an der Schwanzwurzeln baumeln zu lassen, verursacht mit hoher Wahrscheinlichkeit Wirbelsäulenverletzungen am Fisch.

Der Seelachs aus der Fischtheke heißt im Wasser eigentlich Köhler. Sein neuer Name hat einen Grund: Lachs gab es satt in Deutschland bis etwa in die 1950er-Jahre. Dann war er weg. Die Flüsse waren zu verbaut und verdreckt für ihn. Die Lücke auf den Tellern wollten die Fischläden gerne füllen und hatten den Köhler dafür auserkoren. Köhler klingt aber nicht so lecker. Ein neuer Name musste her. „Seelachs" war perfekt. Er gaukelte vor, dass es sich um einen lachsartigen Fisch handelte und der wurde gerade vermisst. Etwas rote Farbe aufs Filet, schon war der dorschartige Fisch als Lachsersatz im wahrsten Sinne des Wortes in aller Munde.

Wieder auf Kurs

Der Seelachs wurde so populär, dass er in Deutschlands wohl beliebtestem Kinderfischgericht Einzug erhalten hat – dem Fischstäbchen. In den 1990er-Jahren galt der Seelachs als überfischt. Heute sind die Bestände durch Quotenregelungen, also begrenzte Entnahmemengen, nachhaltig bewirtschaftet. Ein Seelachs, also Köhler, ist oft der erste Fisch, den Ihr in Norwegen fangen werdet.

WARUM NI
IM WARME

So fängst Du im Sonnenurlaub!

HT
?

Sommerurlaub steht an. Zwar kein Angelurlaub – aber immerhin, es geht in die Sonne und ans Meer. „Gibt es da Fische? Muss ich Angelsachen mitnehmen?“ „Ja, natürlich!“ In jedem Meer gibt es Fische. Egal, ob Ihr nach Spanien, Italien oder Kroatien an das Mittelmeer fahrt oder nach Thailand an den Indischen Ozean, Karibik, also Atlantik – überall gibt es was zu fangen, manchmal sogar mehr als Fische. Ins Gepäck gehört also eine Angelrute.

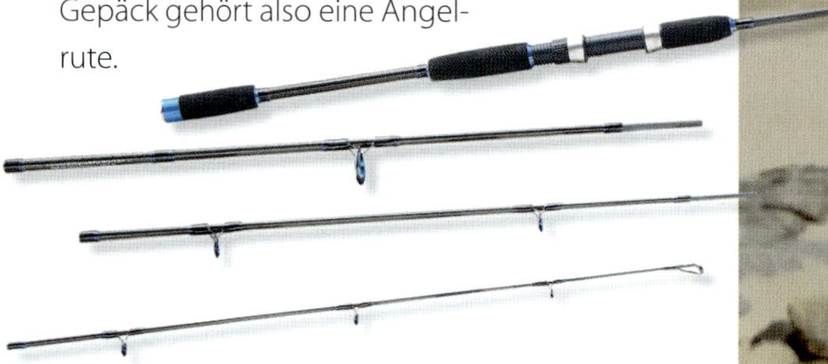

Bei Flugreisen sind normale zweiteilige Ruten zu lang. Es gibt für solche Fälle extra kurzgeteilte Reiseruten. Damit gemeint sind Steckruten. Teleskopruten lassen sich zwar super verstauen, haben aber große Nachteile – für eine Reise ans Meer sind sie nicht geeignet.

Fluchtgedanken

Es gibt in den warmen Meeren dieser Welt natürlich etliche Fischarten. Die folgenden Prinzipien gelten überall und für die meisten Raubfische, die Ihr vom Ufer aus fangen könnt. Die Fische im warmen Wasser schwimmen wesentlich schneller und sind viel stärker als unsere Fische in kälteren Regionen. Starke Vorfächer sind Pflicht und gegen die ultrascharfen Zähne von Makrelen und Barrakudas helfen nur Stahlvorfächer. Viel wichtiger ist aber die Frage, wie Ihr sie an den Haken bekommt. Da hilft Speed! In den warmen Meeren gilt unter Wasser: Was nicht flüchtet, kann nicht gefressen werden. Und daraus folgt: Was schnell abhaut, kann gefressen werden. Euer Blinker sollte also sehr schnell eingekurbelt werden. Die schnelle Flucht hat eine Botschaft und die lautet: „Ich hau schnell ab, denn ich schmecke gut!“ Sieht ein Raubfisch so einen schnell flüchtenden Minifisch, kann er gar nicht anders als seine Turboflosse einzuschalten und die Beute zu jagen.

Einfach loslegen

Es ist im Grunde also ganz einfach. Ihr wisst zwar meistens nicht genau, welche

Fischart sich gerade in Wurfweite von Eurem Strand entfernt befindet, aber Ihr wisst, dass nur ein schnell flüchtendes Fischchen ihn interessiert. Also, ran ans Wasser, einen schmalen silbernen Blinker so weit es geht rausfeuern und sehr zügig einkurbeln.

Früher oder später ist die Rute krumm – und zwar so krumm, wie Ihr es vermutlich noch nie erlebt habt! Wenn dort, wo Ihr angeln wollt, viel gebadet wird, dann probiert es im Sonnenuntergang, wenn niemand mehr schwimmt. Der Sand ist dort aufgewirbelt vom Trubel des Tages. Kleine Fische suchen dort nach Nahrung. Und wo kleine sind, kommen auch die großen!

Grundgedanken

Neben den schnell jagenden Raubfischen, gibt es natürlich auch die Fischarten, die den Grund nach kleinen Krebsen

oder Garnelen durchwühlen. Auch die lassen sich natürlich fangen und das ist denkbar einfach. Nehmt einfach eine ganz normale Grundmontage wie beim Karpfenangeln und legt sie am Grund ab. Tagsüber könnt Ihr die Stellen ja schon mal abschnorcheln und gucken, wo es

9.

spannend sein könnte. Vielleicht wächst in der Nähe etwas Seegras oder es gibt Bereiche mit kleinen Steinen, wo Ihr schon tagsüber Krebse und Fische gesehen habt. Diese Bereiche sind heiß! Gar keine Option sind dagegen Riffe. Zwar gibt es dort Fische, aber die werden an den scharfen Kanten von Steinen, Muscheln oder sogar Korallen abreißen – gar nicht gut für die Fische und die Umwelt. Als Köder ist die beste Wahl ein Stück Tintenfisch. Der ist roh ziemlich zäh und hält perfekt am Haken. Tintenfische gibt es am Hotelbuffet, im Supermarkt oder, wenn Ihr jetzt weiterlest, erfahrt Ihr, wie Ihr sie sogar selber fangen könnt. Das ist das spannendste Köderfischangeln überhaupt!

Kalmare im Kommen

Frittiert als Ring oder gebraten in Knoblauch sind sie Euch vielleicht bekannt. An der Angel sind es bislang meist Zufallsfänge. Doch Kalmare kommen immer häufiger vor und sind international zunehmend begehrte Beute beim Spinnfischen. Fische sind Kalmare zwar nicht, doch in einem Angelbuch haben sie dennoch ihren Platz. Zumal es immer häufiger vorkommt, dass sich

einer ihrer Fangarme auch am Drilling eines Meerforellenblinkers oder Pilkers in Deutschland oder Dänemark verfängt. Solche Fänge sind Glücksache, denn unsere üblichen Haken sind für die Kopffüßer eigentlich nicht sehr verfänglich.

Hakenkranz für Schnabelmaul

Gefischt werden die Tintenfische mit speziellen Jigs, die mit einem Hakenkranz bestückt sind. Diese finden in dem schnabelähnlichen Maul des Kalmars Halt. Die Angeltaktik ist dem Pilken sehr ähnlich. Vom Ufer aus wird der Köder nach dem Einholen zum Grund abgelassen. Wie beim Pilken wird dieser nun zügig hochgezogen. Dann wieder ablassen – ruhig mit kleinen kurzen Schlägen dazwischen. Kalmare verstecken sich in kleinen Höhlen oder Steinen und von dort müssen sie „abgeholt" werden. Sie verfolgen den Köder oft bis zur Oberfläche am Ufer. Ist dies der Fall, sollte der Köder nicht aus dem Wasser gehoben werden. Mit der Rute wird der Köder nun hin und her bewegt, wenn nötig ein kurzer Wurf, dann wird auf Sicht gefischt. Die Bisse sind aufgrund der Spritzigkeit der Kalmare wie eine Explosion.

Je nach Laune

Genau wie unsere sonst üblichen Zielfische sind Kalmare launisch. Die Geschwindigkeit der Kö-

derführung sollte daher anfangs variiert werden. Gleiches gilt für die Farben der Köder. Orange-Kupfer ist eine der besten Farben, genau wie Pink. Je nach Tag, Licht und Laune fangen aber die verschiedensten Farben. Grundregeln, die wir kennen, behalten ihre Geltung. Klares Wasser – natürliche Farben. Trübes Wasser – grelle Farben. Die Bremse der Rolle sollte sehr weich eingestellt sein. Ja, ganz richtig! Die Kalmare haben viel Kraft und ziehen oft Schnur von der Rolle im Drill. Möglich macht es der Jetantrieb. Kalmare stoßen einen Wasserstrahl aus ihrer Bauchhöhle, der sie blitzschnell antreibt, sogar aus dem Wasser springen können sie damit. Bei weicher Bremse sind eine übliche Meerforellenrute und Rolle eine gute Wahl und ausreichend für Uferangler.

9.

Begehrt bei Mensch und Fisch

Im Drill und auch noch danach, können die Tiere Tinte spritzen – Achtung, diese geht aus Kleidung nur schwer raus. Besonders ist auch, dass sich der Körper der Kalmare verfärben kann. Meist passt er sich dem Hintergrund an, um von Fressfeinden nicht erkannt zu werden. Diese gibt es reichlich. In vielen Meeren sind sie Hauptnahrung vieler Raubfische. Sie sind daher auch sehr gute Köder, die in allen Varianten gefischt werden. Doch nicht nur für Fische sind sie Leckerbissen. Besonders in Mittelmeerländern und auch in Asien sind Kalmare eine Delikatesse. In Deutschland gibt es sie meist paniert und frittiert als Ring. Die Ringe stammen vom Körper der Kalmare. Dieser wird nach dem Fang einfach vom Kopf abgetrennt. Die dünne Haut kann einfach abgezogen werden. In Ringe geschnitten sind sie in einer Pfanne sehr einfach zuzubereiten. Die Vorgehensweise ist nicht anders als bei einem Stück Fischfilet.

Weicher Weltenbürger

Kalmare kommen wie oft angenommen nicht nur im Mittelmeer oder den Tropen vor. In der Nordsee sind sie ebenso heimisch und vermehren sich rasant. Es gibt dort kommerzielle Fischer, die nur noch Kalmare fangen. Dies passiert mit Leinen, an den die Jigs an Seitenarmen befestigt sind. Norwegenfahrer berichten immer mal wieder von Zufallsfängen und Heringsangler in Kiel oder Kappeln, die unter Hafenlaternen fischen, ebenfalls. Licht zieht Kalmare magisch an. Damit sind die Stellen, an den sich ein Versuch lohnt, auch schon

ausgemacht. Häfen, felsige Buchten mit vielen Verstecken – am besten mit Laternen. Uferangler sind morgens und abends am erfolgreichsten. Bootsangler können den ganzen Tag fangen. Egal ob bei der Tagestour in Deutschland, der Fernreise nach Asien oder einem Angelurlaub in Norwegen, zumindest ein Kalamarjig, der am Seitenarm über einem Pilker oder Gummifisch montiert wird, sollte in der Köderkiste liegen für einen Versuch, der sich lohnen kann und unsere Fangpalette etwas bunter macht.

Bezugsquellen

Wer nach dem Begriff „Oktopuss Jig" im Internet sucht, wird bei Händlern in Deutschland sicher das ein oder andere Angebot finden. Japanische Hersteller wie Yo-Zuri bieten als Marktführer in Sachen Kalmarköder (auf Englisch Squid (Skwitt) Jigs) sehr viel mehr an und es gibt etliche Muster, Farben, Größen. Oktopussangeln ist eine Wissenschaft für sich, genau wie jede andere Angeldisziplin auch. Mit Orange, Pink, einer Naturfarbe und einem leuchtenden Köder ist man gut ausgestattet. Uferangler verwenden die Größen 2, 2,5 und 3 am häufigsten. Vom Boot aus können größere Köder verwendet werden, denn es ist auch mit größeren Kalmaren zu rechnen.

IN DER HAND:

Rute: *stabile, aber leichte Reiserute 40 bis 100 Gramm Wurfgewicht, etwa 2,00 bis 2,50 Meter lang – zum Beispiel die Twitch and Pilk Travel von Eisele Sea-Fishing*

Rolle: *Stationärrollen 4000er oder 5000er Größe mit geflochtener Schnur, ca. 0,20 Millimeter Durchmesser – Vorfach monofile Schnur 0,60 Millimeter bis 0,80 Millimeter und davor Stahlvorfach, am allerbesten halten Titanvorfächer. Die beißt kein Fisch durch.*

AM BAND:

Schlanke Meerforellen- oder Hechtblinker von 15 bis 35 Gramm mit stabilen Drillingen. Zum Grundangeln Einzelhaken, nicht zu große, aber stabil in Größe 4 bis 8.

AUF TASCHE:

Einige Warmwasserfische haben rasiermesserscharfe Zähne oder auch Flossen oder Schuppen. Es gibt sogar giftige Fische, wie das Petermännchen (Achtung, die gibt es auch bei uns!). Handschuhe zum Anfassen sind daher wichtig. Schnittschutzhandschuhe für die Gartenarbeit sind perfekt. Sie sind recht dünn, günstig zu kaufen, aber schützen im Fall der Fälle.

Fishing for Future

Grundangeln mit einem Naturköder ist sehr erfolgreich. Mit einem Kreishaken ist es zudem besonders schonend und eine runde Sache für Fisch und Fänger. Klar, dass es nicht immer ausbleibt, dass Fische zurückgesetzt werden. Dies soll möglichst schonend geschehen, damit sie auch überleben, sich fortpflanzen und für nachhaltig intakte Fischbestände sorgen – mit Circle Hooks oder auf Deutsch Kreishaken klappt das super. Zugegeben, auf den ersten Blick sehen sie so aus, als könnte kein Fisch daran hängen bleiben. Die Hakenspitze ist schließlich gebogen und zeigt zum Hakenschenkel, als sei der Haken aufgewickelt worden. Diese Form verleiht dem besonderen Greifer seinen Namen.

Drehbuch ohne Aussteiger

Kreishaken stammen aus der Berufsfischerei und werden vor allem auf Thunfische verwendet. Gut müssen sie also sein, die krummen Dinger, sonst würden die Profis sie nicht einsetzen. Aber sie sind eben auch besonders und verlangen uns Anglern daher etwas Umdenken ab. Der größte Unterschied zu den sonst üblichen Haken ist die Art, wie er ins Fischmaul eindringt. Sorgt sonst ein kräftiger Anschlag dafür, dass der Haken fast sitzt, läuft das Drehbuch für den Cirlce etwas anders ab. Kreishaken drehen sich bei langsamem sich stetig erhöhen-

dem Zug in das Fischmaul ein und das nahezu immer ganz vorne an der Lippe. Spuckt der Fisch der Köder aus oder zieht der Angler langsam an, bewegt sich der Haken Richtung Fischmaul. Die nach innen gebogene Spitze nimmt auf diesem Weg Kontakt zum Kiefer oder einer anderen Stelle im Maul auf und dreht sich um diesen Punkt herum. Dabei bohrt sich die gebogene Spitze sicher durch die Einstichstelle, bis der Fisch fest im Hakenbogen hängt. Ist der Fisch erstmal auf diesem Wege gehakt, sind Aussteiger fast ausgeschlossen.

Nur nicht Anschlagen!

Beim Fischen gibt es vor allem ein Tabu: Anschlagen!!! Drei Ausrufezeichen. Beim Anschlag saust der Kreishaken aus dem Fischmaul heraus ohne zu fassen. Wer anschlägt, hat einen Fisch verloren! Ganz sicher! „Logisch, hab ich kapiert, kein Problem", klingt es oft durch Angelboote nach der Erklärung. Der Geist mag willig sein, aber der Anschlag als Auftakt eines Drills ist durch Mark und Bein im Anglerkörper verankert, dass es dennoch schwerfällt, sich daran zu erinnern, wenn es soweit ist und Adrenalin das Blut verdünnt.
Also: Nicht anschlagen!
Ich weiß, ich wiederhole mich …

FAKTEN ZUM FLEXEN

Makrelen? Kenne ich – die gibt es in der Nordsee. Ja, stimmt!
Aber es gibt Makrelen überall auf der Welt und Thunfische zählen mit zu ihrer Familie – es gibt 54 Arten von Makrelen! Wer eine Makrele an der Angel hat, weiß das meist, bevor er den Fisch zu Gesicht bekommt. Zu charakteristisch ist das Zucken in der Schnur, das von der starken schnellen Schwanz-

flosse verursacht wird, als dass es eine andere Fischart sein könnte. Ihre nicht endende Kraft hat die Makrele durch eine anatomische Besonderheit: sie hat keine Schwimmblase. Die Makrele hingegen, muss ihren Heckantrieb einsetzen, um dem Absinken in die Tiefe zu entkommen. Oder anders gesagt, sie schwimmt ihr Leben lang ohne eine einzige Pause. Chillen ist also eher nicht so ihr Ding!

9.

IST CATCH WIRKLICH

Fische zu fangen, nur um sie zurückzusetzen, ist in Deutschland verboten. Dieses klassische Catch & Release (C&R) geschieht nicht mit „vernünftigem Grund" und den bräuchte es gemäß Tierschutzgesetz.

Zurücksetzen per Gesetz

In Frage kommt als vernünftiger Grund vor allem die sogenannte Verzehrsabsicht – also, dass Ihr den Fisch nach dem Fang essen möchtet. Die Fischereigesetze schreiben aber auch das Zurücksetzen von Fischen vor, zum Beispiel beim Mindestmaß oder bei Zufallsfängen in der Schonzeit. Es gibt auch Maximalmaße. Auch zu große Fische müssen dort also per Gesetz zurückgesetzt werden. Dies ist aber kein C&R, das gegen das Tierschutzgesetz verstößt. Hier gibt es einen anderen vernünftigen Grund. Dieser ergibt sich aus der Hege, also dem Schutz von Fischbeständen. Es gibt keine ganz klare Antwort zu dem Thema, ob in Deutschland nun Catch and Release verboten oder erlaubt ist. Es kommt auf die Situation an. Oftmals ist dabei klar, was gilt. Liegt eine gesetzliche Pflicht zum Zurücksetzen vor, wie erwähnt beispielsweise beim Mindestmaß, ist Zurücksetzen Pflicht.

& RELEASE
COOL?

10.

Das kommt nicht gut an

Klar ist auch, dass Fische zu angeln, um sie zurückzusetzen, in Deutschland verboten ist. Viele Angler finden das nicht gut und verweisen auf Holland, wo das Fangen und Zurücksetzen erlaubt ist. Sie sagen, dass die Regelungen in Deutschland zu streng sind. Es gibt mittlerweile Umfragen in der Bevölkerung zu dem Thema. Dabei kommt raus, dass die allermeisten Menschen Angeln gut finden, wenn die Fische zum Essen gefangen werden. Fischen aus Spaß, also wenn von vorneherein feststeht, dass alle Fische wieder zurückgesetzt werden sollen, finden viele allerdings nicht gut. Das ist in Deutschland so,

aber auch in Holland. Selbst dort wird nun darüber diskutiert, dass C&R verboten werden soll – so wie in Deutschland. Catch & Release finden die allermeisten also gar nicht cool. Dass es so aussieht, als wenn immer mehr Angler dies dennoch tun würden, liegt daran, dass gerade die sich auf TikTok und anderen Channels präsentieren. Folgt nicht blind Anglern, die sich selbst für cool halten. Denkt nach und entscheidet, was gut ist für Fisch und Fänger!

& Release

So überlebt der Fisch

Die Unsicherheit mal unbeachtet, ist es vor allem wichtig, dass Fische das Zurücksetzen auch überleben. Dieses Buch gibt zahlreiche Tipps zu schonenden Haken, vorsichtigem Umgang und Hilfsmitteln, mit Fischen sorgsam umzugehen. Wer nachhaltig handeln will, sollte für den Fall der Fälle, dass ein Fisch zurückgesetzt wird, vor allem gut vorbereitet sein. Damit ist nicht nur die Ausrüstung gemeint. Auch das Angelverhalten kann helfen, Fische und Fischbestände zu schonen – selbst wenn Fangen und Zurücksetzen erlaubt ist. Wer ein Nest untermaßiger Zander aushebt und einen Fisch nach dem anderen fängt, der zurückgesetzt werden muss, schadet mutmaßlich dem Bestand – obwohl dabei in vielen Fällen kein Gesetzesbruch vorliegt. Die Stelle zu wechseln, um vielleicht doch einen größeren Fisch zu fangen, wäre sicher besser gewesen. Das gilt auch beim Meeresangeln in Norwegen: Wenn nur zu kleine Seelachse an der Angelstelle sind – Motor an und mit dem Boot woanders hin, ist dann angesagt.

Nicht mit Geld aufwiegen

Es ist auf jeden Fall falsch, zu berechnen, was der Angeltag gekostet hat und wie viel der mitgenommene Fisch im Gegenzug in Euro wert ist. Privatanglern ist es sowieso verboten, ihre Fische gewerblich zu verkaufen. Vor allem geht es ja beim Angeln um ganz viel mehr. Ihr wisst sicher, was gemeint ist, wenn Ihr Euch an Euren letzten großen Fang erinnert, wie stolz Ihr wart, was Ihr alles dabei gelernt habt. Angeln ist so viel mehr, als der Preis des Fisches in Euro, den Ihr gefangen habt.

INS NETZ

– Apps für Angler

Angeln oder Handy? Beides! Zumindest zur Vorbereitung auf den Angeltag sind Apps hilfreich und oft auch notwendig. Für Bootsfahrer auf dem Meer sind Apps zudem auch während des Angelns hilfreich und auch wichtig für die Sicherheit. Es gibt natürlich fast unendliche viele Apps – hier werden die wichtigsten in den wichtigsten Kategorien genannt.

Windfinder

Angeln und das Wetter gehören untrennbar zusammen. Es fängt mit der Frage an, ob Du eine Regenjacke benötigst oder eine warme Hose. Die Frage nach dem Wetter geht aber weit über Kleidung und Komfort hinaus. Das Beißverhalten der Fische ist auch oft wetterabhängig. Temperaturstürze oder sprunghafter Luftdruck sind gar nicht gut und verderben den Fischen oft den Appetit. Gleichbleibende Wetterlagen – egal, ob gut oder schlecht – sind oft die besten Angelzeiten. Für Bootsangler ist es aus Sicherheitsgründen absolute Pflicht, sich vorher über das Wetter zu informieren. Ein Sturm kann nicht nur auf dem Meer sehr gefährlich werden – ganz zu schweigen von Gewittern. Die App Windfinder ist sehr detailliert und wird von vielen Anglern genutzt und als zuverlässig angesehen.

Hejfish

Für die allermeisten Gewässer in Deutschland braucht Ihr eine Erlaubnis, um dort angeln zu dürfen. Vielleicht seid Ihr Mitglied in einem Angelverein und habt so Zugang zu unterschiedlichen Seen oder Flüssen. Für viele andere Gewässer gibt es Angelkarten mittlerweile online über die App von Hejfish – das ist extrem praktisch, um mal etwas anderes auszuprobieren und spontane Angeltrips!

Navionics

Navionics ist eine App für Meeresangler vom Boot aus – zum Beispiel in Norwegen. Die App ist in vielfacher Hinsicht sehr hilfreich. Beim Angeln ist ja das Problem, dass die Fische nicht gleichmäßig im Wasser verteilt sind und sie nur an bestimmten Stellen anzutreffen sind. Das ist oft dort, wo sich Tiefen stark ändern oder zum Beispiel für Heilbutte an Sandbänken. In der Navionics App gibt es detaillierte Tiefenkarten, auf denen Ihr erkennen könnt, wo die „heißen Ecken" sind. Zudem kann die Karte Euch vor Bootsunfällen bewahren, da auch Untiefen und Felsen eingezeichnet sind. Bei Nebel oder Dunkelheit kann sie zudem helfen, dass Ihr sicher zurück in den Hafen findet. Tipp: Die Seekarten kosten etwas – zwei Wochen lang können die aber kostenlos getestet werden. Installieren solltet Ihr die App also kurz vor Abfahrt, damit Ihr sie den Urlaub lang gratis nutzen könnt.

EGANGEN

Gezeiten Gratis

Nicht nur für Meeresangler sind Ebbe und Flut ein wichtiges Thema. An manchen Stellen beißen die Fische nur bei auflaufendem Wasser, an anderen genau umgekehrt, nur bei ablaufendem Wasser. Das gilt für Stellen auf dem Meer genauso wie beim Angeln vom Strand aus oder im Hafen. Auch manche Flüsse haben in der Nähe zum Meer noch wechselnde Wasserstände – zum Beispiel die Elbe in Hamburg. Zur Angelplanung gehört dort ein Blick auf den Gezeitenkalender, im schlimmsten Fall ist sonst gar kein Wasser da, wo Ihr eigentlich angeln wolltet.

Fishing Knots

Wie ging der nochmal? Ein falscher Knoten kann verursachen, das ein Fisch abreißt. Vielleicht der Fisch Eures Lebens. Daher sind Knoten echt wichtig. Nicht nur für Euch, sondern auch für den Fisch, denn bei einem Abriss, muss der mit Haken und Schnur im Maul weiterschwimmen. Bevor Ihr einen falschen Knoten macht, schaut nochmal nach, gerade wenn es mal aufregend wird am Wasser und Ihr Euch nur schwer erinnern könnt, wie das nochmal funktioniert hat.

Alle angeln

„Alle angeln" steht als Beispiel für Apps, auf denen Angler sich austauschen. Der Kontakt zu anderen Anglern gehört eigentlich für alle dazu. So könnt Ihr viel Neues lernen, Fänge hochladen, von anderen Neuigkeiten erfahren und auch nette Angler sowie neue Gewässer kennenlernen. Es gibt zudem ein Fangbuch, das Euch hilft, Eure Fänge zu analysieren, um später immer mehr Erfolg zu haben.

11.

IN SZENE GE

fette Fangfotos, auch mit der Drohne

Die Fische in der Angelzeitung sehen immer groß aus, aber Eure Fänge auf den Fotos eher nicht? Mit eine paar Handgriffen bzw. ohne Handgriffe, wird sich das schnell ändern und Ihr macht auch Profifotos!

Finger weg!

Vorab sei natürlich erwähnt, dass ein Fisch für ein perfektes Foto nicht leiden darf. Ausgiebige Fotoaktionen sind nur mit vorher getöteten Fischen in Ordnung. Lebende Fische gehören schnellstmöglich zurück ins Wasser. Die Bilder davon müsst Ihr in Eurer Erinnerung speichern. Das absolut wichtigste an einem

SETZT-

Fangfoto ist, dass Eure Finger nicht zu sehen sind – nur dann sieht ein Fisch auch so groß aus, wie er tatsächlich ist – oder sogar etwas größer. Aber mal von vorne oder besser gesagt von hinten. Denn Ihr dürft den Fisch beim Foto nur von hinten anfassen. Das gelingt auch, indem Ihr mit zwei oder drei Fingern unter den Kiemendeckel greift. Aber nicht zwischen die Kiemen, denn die sind scharf. Das findet Ihr schnell raus in der Praxis. Die zweite Hand, bzw. ein Finger der zweiten Hand, stützt den Fisch zwischen Bauch und Schwanzflosse. So ist kein Finger zu sehen und der Fisch steht im Vordergrund. Etwas größer sieht es sogar aus, wenn Ihr die Arme ganz leicht Richtung Kameralinse oder Handy streckt. Das heißt „Dorschgrätsche". Aber nicht übertreiben, sonst wird es unglaubwürdig. Ein großer Fisch ist natürlich ein Grund zur Freude. Das soll auf dem Foto rüberkommen. Jubelt beim Bildermachen einfach ganz laut – wenn man die Freude hört, sieht man sie auch!

Der Sonne entgegen?

Neben der Fischhaltung und der Stimmung ist das Licht ganz wichtig. Für ein farbenfrohes Foto muss das Licht vom Fotografen aus gesehen von hinten kommen – vom Angler aus, also von vorne. Schaut vor dem Foto einmal zum Himmel, um das zu prüfen. Das macht einen Riesenunterschied in der Qualität. Es ist aber auch möglich, gegen das Licht zu fotografieren. Das eigentliche Motiv ist dann fast schwarz. Das kann sehr cool aussehen, wenn dabei zum Beispiel die Form des Fisches zu erkennen ist. Beim Handy müsst Ihr einmal auf den Hintergrund auf dem Display klicken. Dieser wird dann richtig belichtet und der Gegenlichteffekt tritt ein.

EXPLORER

Drohne beim Drill

Piloten-Prüfung!

Wer als Drohnenpilot abheben möchte, braucht in vielen Fällen einen Pilotenschein. Lediglich Drohnen unter 250 Gramm Gewicht dürfen ohne Lizenz geflogen werden. Die sogenannte A1/A3 Prüfung, die online abgelegt werden kann, empfiehlt sich in jedem Fall, denn es wird reichlich Nützliches vermittelt. Der Aufwand ist gering.

Versicherung und Formalitäten

Wer eine Kamera an der Drohne hat – und wir Angler haben das immer – muss die Drohne unabhängig vom Gewicht beim Luftfahrtbundesamt registrieren lassen. Voraussetzung dafür ist eine Haftpflichtversicherung. In den meisten Fällen ist die Drohne mit der normalen Privathaftpflicht Deiner Eltern abgedeckt. Ein Anruf bei der Versicherung ist hilfreich. Beim Fliegen im EU-Ausland und auch in Norwegen gelten die

Tolle Aussichten!

12.

Pilotenlizenzen weiter, die Anmeldung der Drohne muss jedoch im Zielland erneut erfolgen. Für Norwegen beispielsweise dauert das keine fünf Minuten und ist unter **www. flydrone.no** online möglich.

Tückische Sicherheit

Moderne Drohen haben allerlei Sicherheitssysteme, die das Drohnenfliegen sehr erleichtern. Die Hinderniserkennung sorgt dafür, dass die Drohne keinen Zusammenstoß hat. Sie bremst vorher ab oder umfliegt das Objekt im Weg. Wenn das allerdings das eigene Boot ist, kehrt sich die Lage um. Die Drohne stoppt vor einem Boot ab und stürzt, wenn der Akku leer ist, schlimmstenfalls ins Wasser. Für Bootsangler gilt daher: Hinderniserkennung unbedingt abschalten!

Wo ist mein Zuhause?

Eine weitere tolle Sicherheitsfunktion ist, dass die Drohne bei irgendeinem Problem zurück zu ihrem Startpunkt fliegt. Super!? Bei Funkverlust, schwachem Akku oder sonstigen Schwierigkeiten bringt sie sich selbst in Sicherheit, etwa zurück an den Strand beim Meerforellenangeln. So weit, so gut,, aber wer die Drohne vom treibenden Boot aus startet, ist im Fall der Fälle nicht mehr am Startpunkt und die Drohne rettet sich selbst in den sicheren Untergang im Wasser. Daher: Unbedingt die Grundeinstellung ändern. Statt zurück zum Starpunkt, muss Schwebeflug als Notfallmaßnahme eingestellt werden. So wartet die Drohne an Ort und Stelle bis der Pilot wieder eingreifen kann.

Landeplatz in Bewegung

Die Drohne ist zum eigenen Schutz auch wählerisch, was den Landeplatz angeht. Stimmt was nicht, verweigert sie. Am Strand und auf Steinen empfiehlt sich daher ein Landepad oder etwa ein umgedrehter Eimer. Vom treibenden Boot aus, wird das schwieriger. Der sich bewegende

Untergrund gefällt der Drohne gar nicht. Handlandung ist dann angesagt. Eine Drohne auf der Hand zu landen oder sie aus der Luft zu greifen, ist viel einfacher als es klingt. Etwas Übung an Land ist aber absolut unerlässlich!

Kurs bringt auf Kurs

Auch wenn YouTube und Selbstversuch super sind für die ersten Flugversuche, sei jedem ein Praxistraining bei einem Profi unbedingt angeraten. Die Lernkurve ist enorm und vor allem kommt Zutrauen und Sicherheit dazu. Eine Drohne, die aus Sorge um einen Absturz beim Drill im Rucksack bleibt, ist in jedem Fall schlecht investiertes Geld. Neben Kaufberatung gibt es Top-Seminare bei **www.proflycenter.com**. Die Kurse gibt es bundesweit.

REPARIEREN STATT WEGWERFEN

– Rutenbau ist nachhaltig

Jurij ist bereit! Beim Rutenbau ist Planung alles. Je besser die Bauteile zueinander passen, desto leichter wird später der Bau. Für Einsteiger gibt es auch fertige Rutenbausets mit allen Komponenten. Teure Maschinen braucht es zum Einstieg nicht. Jurijs Ringwicklungsvorrichtung ist aus Pappe. Sie ist günstig, super praktisch und mit vielen Tipps bedruckt. Es kann losgehen.

1

3

2

Als erstes wird der Griff aufgebaut. Dabei könnt Ihr alles so gestalten, wie es Euch passt. Grifflänge, mit durchgehendem Griff oder zweigeteilt - alles ist mög lich. Jurij hat sich für eine schlichte Optik in schwarz und einen modernen geteilten Griff entschieden. Den Abstand vom Rollenhalter bis zum Ende de Griffes hat er an seine Unterarmlänge angepas Vor dem Kleben der Teile wickelt Jurij Malerklebeband auf den Rutenblank, damit die Teile schon ohne Kleber fest sitzen. Geklebt halten sie so auch später bei Wurf und Drill. Am Ende wird die Abschlusskappe einge klebt und fertig ist der Griff. Sieht mega aus!

4

5

13.

Nun muss gemessen werden! Die Aufteilung der Ringe auf der Rute und der Abstand der Rolle zum ersten Ring muss ausgerechnet oder abgeguckt werden. Zum Ausrechnen gibt es Tabellen im Internet. Einfacher ist es aber, eine Deiner Ruten neben die neue Rute zu legen und die Abstände abzugucken. Die Ringpositionen werden mit Malerklebeband markiert. So sind sie super erkennbar, verrutschen nicht und das Klebeband hilft gleich bei den Ringwicklungen.

Die Ringwicklungen sind erstmal schwierig, aber nach zwei, drei Ringen geht auch das gut von der Hand. Die Garnfarbe kann wieder frei gewählt werden - Jurij bleibt bei klassisch schwarz. Für den Anfang und das Ende gibt es spezielle Knoten. Praktisch! Wie es funktioniert ist auf der Rutenbauauflage aus Pappe abgedruckt. So könnt Ihr immer nachsehen, wenn Ihr nicht weiterwisst. Auf YouTube gibt es super Filme, wie das klappt - siehe Infos und QR-Code am Ende dieses Kapitels. Ihr könnt so auch defekte Ringe auswechseln und gegen neue austauschen.

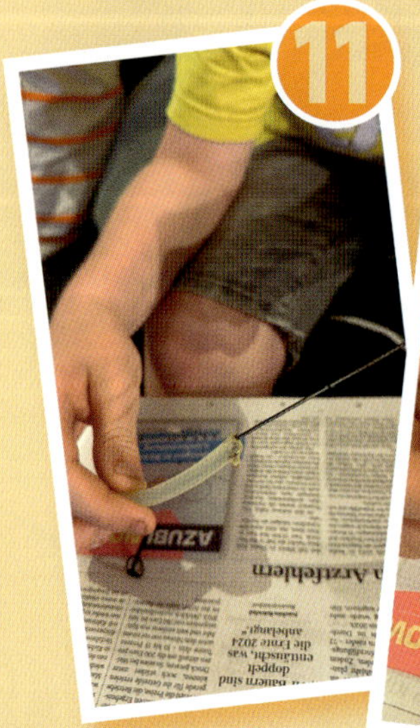

Der Spitzenring wird nicht gewickelt sondern geklebt. Die beste Lösung dafür ist Heißkleber. Eine Stange des Klebers wird am Ende mit dem Feuerzeug erwärmt und mit dem weichen Kleber die Rutenspitze ordentlich eingeschmiert. Dann wird der Ring aufgeschoben. Solange der Kleber noch warm war, hat Jurij den Ring gedreht und an den anderen Ringen ausgerichtet. Wenn der Kleber kalt ist, sitzt der Ring fest. Heißkleber hat auch den Vorteil, dass Ihr die Ringe, falls mal etwas kaputt ist, ganz einfach austauschen könnt. Mit einem Feuerzeug wird der Ring kurz erwärmt und Ihr könnt den Ring einfach abziehen. Ein neuer Spitzenring wird dann wie eben beschrieben einfach wieder aufgeklebt.

Die Ringwicklungen werden zum Abschluss mit Rutenbaulack fixiert. Je besser das gelingt, desto professioneller sieht die Rute am Ende aus. Der Lack besteht aus zwei Komponenten, die miteinander verrührt werden müssen. Einwegspritzen helfen bei der Dosierung. Langsames Rühren verhindert Luftblasen im Lack. Jurij weiß schon, wie das geht.

Für die Lackierung braucht es zwingend eine Maschine, in die die fast fertige Rute eingespannt wird. Sie dreht die Rute langsam um die eigene Achse. Einfache Maschinen reichen vollkommen aus und sind ein perfektes Geschenk zum Beispiel zu Eurem Geburtstag. Die Rotation hilft beim Einpinseln des gewickelten Garns. Der Pinsel wird dazu einfach ganz ruhig gehalten. Macht das ganz in Ruhe, aber ohne Pause, denn der Lack trocknet und kann nach etwa 30 Minuten nicht mehr verarbeitet werden. Wenn alles lackiert ist, muss die Maschine weiter rotieren, bis der Lack voll ausgehärtet ist. Ohne die Drehung würde der Lack tropfen. Das Dauert mindestens über Nacht. Nicht zu früh ausschalten oder fühlen, ob es schon trocken ist - Ihr werdet Euch über den Fingerabdruck auf den perfekt glänzenden Lackierungen ärgern! Jurij, hab Geduld!

Mit der selbst gebauten Rute gefangen! Jurij hat alles richtig gemacht beim Rutenbau und in Norwegen diese zwei strammen Pollacks gefangen. Alles hat gehalten! Glückwunsch, Jurij, zur Rute, zum Fisch und zum besten Hobby der Welt!

INFO: Alle Geräte und Komponenten für den Rutenbau, die auch JurIj verwendet hat, gibt es unter ***www.tackle24.de*** und ***www.cmw-angeln.de***. Eine Anleitung und Formel für die Ringplatzierung gibt es unter: ***www.rutenbau.eu/Ringplatzierung*** Alles über den Rutenbau auch auf YouTube. Einfach QR-Code scannen und Film anschauen!

Ausbildungen und Jobs ohne Haken

Florian Pippardt hast Du möglicherweise schon einmal gesehen – in einem Angelmagazin. Er ist einer der Redakteure, die ständig neue Taktiken, Köder oder Gewässer herausfinden und darüber spannende Artikel schreiben. Wie er zu diesem Traumjob gekommen ist, erklärt er im nachfolgenden Interview.

PHfK: Florian, Du hast Dein Hobby zum Beruf gemacht – hast Du jetzt kein Hobby mehr oder musst Du nie mehr arbeiten?

Florian: Nach mittlerweile sieben Jahren hauptberuflicher Tätigkeit in der Angelbranche kann ich eine Sache definitiv bestätigen: Der Blick aufs Hobby ändert sich. Ein Stück Zauber geht verloren – aber als „Hobby" möchte ich Angeln dennoch weiterhin beschreiben. Ich arbeite für mein Hobby.

PHfK: Hast Du früher die Schule geschwänzt, um angeln zu gehen?

Florian: Aus pädagogischer Sicht in einem Kinderbuch die wahrscheinlich nicht beste Antwort, aber die Wahrheit: Ja. Russischunterricht am Mittwoch, 7./8. Stunde, kein Prüfungsfach. Da war ich viel lieber Zanderangeln – und bereue es auch überhaupt nicht. Aber ich habe nie unentschuldigt gefehlt, meist mit Halsschmerzen.

PHfK: Wie bist Du zum Angeln gekommen?

Florian: Durch den Vater eines Freundes und meinen Cousin. Ich weiß gar nicht, ob beide überhaupt noch angeln gehen – an mir ist es aber kleben geblieben. Irgendwie witzig, da niemand sonst in meiner Familie angelt. Entsprechend groß ist das Unverständnis, wenn ich in den Weihnachtsfeiertagen in Thüringen bei meinen Verwandten bin und mich für zwei Nächte im Dezember ans Wasser zum Karpfenangeln verabschiede.

PHfK: Was magst Du am meisten am Angeln außer Fische fangen?

Florian: „Natur" und „Erholung" sind zwei Begriffe, die in diesem Zusammenhang gern genannt werden. Beide treffen bei mir nicht zu – nicht, dass ich die Ruhe am Wasser nicht schätzen würde, dennoch ist sie nicht mein Grund, ans Wasser zu fahren. Fische – am liebsten große – sind und bleiben meine Motivation.

PHfK: Wie ist es dazu gekommen, dass Du jetzt Blinker-Redakteur bist? War das schon immer Dein Traumberuf?

Florian: Da war ein bisschen Glück im Spiel und ein bisschen Eigenleistung: Nach dem Abi absolvierte ich ein dreiwöchiges Praktikum in der Hamburger Angelredaktion des Jahr Top Special Verlags (heute Jahr Media). Zu den Magazinen gehörten der Blinker, die AngelWoche, Fliegen-Fischen, KARPFEN, Angelsee Aktuell, Kutter & Küste und der ESOX.

MIT ANGELN

Sobald Ihr könnt: Fahrt nach Norwegen! Florian präsentiert hier einen wirklich fetten Pollack. Die kämpfen nicht nur gut, sondern schmecken auch super. Foto: J. Radtke

Long story short: Nach drei Wochen wurde ich gefragt, ob ich nicht ein Volontariat beim BLINKER beginnen möchte. Also eine zweijährige Ausbildung zum Redakteur. Und das war tatsächlich schon immer einer meiner Traumberufe! Meine Mutter erzählte mir letztens, dass ich schon in der Grundschule ein Plakat kreiert hätte, auf dem ich mich als Erwachsener als „Testangler bei Angelzeitungen" sah. Hat geklappt.

PHfK: Wie ist Deine berufliche Ausbildung abgelaufen?

Florian: Hauptsächlich innerbetrieblich, also am Schreibtisch vor dem Heftplan, natürlich am Wasser mit der Kamera und teilweise in der Hamburger Journalistenschule am Cremont.

PHfK: Wenn ein Junge oder Mädchen, der oder das dieses Buch liest, auch für ein Angelmagazin arbeiten möchte, was sind Deine Tipps?

Florian: Geh Angeln! So viel Du kannst. Lass Dich nicht von anderen beirren, wenn sie Dir etwas ausreden wollen, was Du für richtig hältst. Versuche, Dich nicht zu stark von Werbung – besonders im Kunstköderbereich – beeinflussen zu lassen, sondern sei Dir immer bewusst, dass Dein Verständnis für die Unterwasserwelt der viel größere Fangfaktor ist, als eine Köderfarbe. Entwickele eine gesunde Einstellung zum Thema Catch & Release: Der Fisch ist ein Lebewesen und kein Sportobjekt zur Selbstdarstellung. Iss Deinen gefangenen Fisch! Lerne Deine Stärken kennen und nutze sie – seien es spezifische Angelmethoden oder ein besonderes Talent für Text oder Bildgestaltung. Höre nie auf, Dich weiterbilden zu wollen. Und sei nett zu Deinen Mitanglern und Mitmenschen. Neid und Missgunst sind ein denkbar schlechter und wenig nachhaltiger Antrieb.

PHfK: Welchen Fisch würdest Du gerne fangen, den Du noch nicht gefangen hast?

Florian: Viele Warmwasserarten: Giant Trevally, Tunas, Amberjack. Kleine habe ich bereits gefangen, aber ich will noch einen Großen. Diese Fische spielen in einer anderen Liga, sind in Biss und Drill unglaublich brutal – und sie schmecken auch noch hervorragend!

PHfK: Danke für das Interview und die Inspiration für die Kids!

Probiert euch aus! Große Karpfen, wie dieser von 17 kg, sind manchmal gar nicht so schwer zu fangen. Foto: G. Stark

Angel-Guide – mit Kunden am Wasser

Marcel Wiebeck ist Angel-Guide. Absoluter Traumjob! Zumindest auf den ersten Blick: Angeln gehen und Geld dafür bekommen. Wie das geklappt hat und ob das wirklich stimmt, verrät Marcel in dem nachfolgenden Interview.

PHfK: Marcel, Du hast Dein Hobby zum Beruf gemacht. Musst Du jetzt nie mehr arbeiten oder hast Du kein Hobby mehr?

Marcel: (lacht) Das ist eine Mischung aus beidem. Privat gehe ich tatsächlich nur noch selten angeln. Vielleicht drei bis fünf Mal im Jahr. Dann mache ich aber gerne Ansitzangeln auf Aal. Nur direkt nach der Schonzeit mache ich privat, was ich auch beruflich tue – Zanderangeln mit Kunstködern an der Elbtalaue.

PHfK: Hast Du früher Schule geschwänzt, um zu angeln?

Marcel: (lacht wieder) Ja, das ist schon vorgekommen. Vor allem in meinem letzten Schuljahr in der Berufsschule. Das war nicht mein Ding.

PHfK: Und wie bist Du dann zum Angel-Guide geworden?

Marcel: Es fing ausgerechnet auf einer Meeresangelmesse an – dabei war ich noch nie in Norwegen zum Angeln…

PHfK: (unterbricht) Da haben wir tolle Tipps für Dich in diesem Buch, schau mal auf den Seiten 82 bis 95, aber erzähle weiter.

Marcel: Okay, danke für den Tipp. Auf der Messe habe ich die damaligen Redakteure des Blinker kennengelernt. Ich hatte zuvor schon für einen Angelladen hin- und wieder ein Guiding gemacht. Damals ging das Guiding überall los. Jedenfalls habe ich nach der Messe angefangen, Artikel zu schreiben – sogar exklusiv für den Blinker mit Festgehalt. Ein Volontariat, also eine Ausbildung zum Redakteur, wollte ich

aber dann doch nicht machen. Ein Bürojob war nichts für mich. Durch die Artikel war ich in der Szene ziemlich bekannt geworden und ich hatte einige Anfragen zum Guiding. Also habe ich damals ein Gewerbe gegründet und in der Elbe bei Magdeburg Guidings angeboten.

PHfK: An der Elbe bist Du ja immer noch als Guide, aber nicht in Magdeburg. Wie ist das gekommen?

Marcel: Es war wieder eine Meeresangelmesse – die Magdeburger Meeresangeltage. Dort habe ich Jörg Strehlow getroffen. Wir haben uns sofort super verstanden. Als er mich dann gefragt hat, ob ich als Guide für ihn arbeiten möchte, habe ich nicht gezögert. Schließlich ist er der bekannteste Zanderangler in Deutschland, wenn nicht sogar Europas. Als Jörg dann seine Firma krankheitsbedingt aufgeben musste, konnte ich übernehmen und habe das natürlich gemacht. Ein neuer Gewerbeschein musste her. Den habe ich bis heute und bin hauptberuflich Angel-Guide.

PHfK: Würdest Du den Kids, die dieses Interview lesen, empfehlen, selbst Angel-Guide zu werden?

Marcel: Ja und Nein. Nicht jeder ist zum Angel-Guide geboren. Es ist wirklich anstrengend und es gibt sehr viel Konkurrenz. Ich hatte durch den Blinker und Jörg einen besonderen Start. Sonst wäre mein Start sicher schwierig gewesen. Ich würde eher empfehlen, eine Berufsausbildung zu machen und Guide als Nebenjob auszuführen. Als Nebenjob ist der Druck nicht so groß und er ist dann für einen Angler sicher der beste Nebenjob der Welt!

PHfK: Was magst Du am Guiding oder am Angeln insgesamt am liebsten, außer Fische zu fangen?

Marcel: Auf jeden Fall den direkten Kontakt zur Natur. Das ist unglaublich facettenreich. Besonders spannend finde ich, Fische ohne Technik zu finden, also ohne Echolot und so weiter. Ein Gespür zu entwickeln am Wasser für das „Unter-Wasser" – das ist immer wieder eine tolle Herausforderung.

PHfK: Und welchen Fisch würdest Du gerne fangen, den Du bisher noch nicht gefangen hast?

Marcel: Einen Wolfsbarsch oder einen Schwarzbarsch. Auf jeden Fall also einen Fisch mit harten Schuppen und Stacheln.

PHfK: Wir wünschen Dir Petri Heil und vielen Dank für das Interview.

Marcel und seine Guidings findet Ihr unter: www.der-angler.com

14.

Kaufmann in der Angelbranche

Als dieses Buch geschrieben wurde, hat Peter Bensel gerade seine Ausbildung zum Groß- und Außenhandelskaufmann abgeschlossen. Seine Ausbildung hat er bei einem Angelgerätegroßhändler gemacht – bei der Firma „Dieter Eisele Sea-Fishing“. Dort arbeitet er im Büro und im Lager, hat aber auf Messen direkten Kontakt mit sehr vielen Anglern und ist natürlich auch selber oft beim Angeln.

PHfK: Du hast Dein Hobby zum Beruf gemacht – hast Du jetzt kein Hobby mehr oder musst Du nie mehr arbeiten?

Peter: Bei mir ist es so, dass die Ausbildung mich beim Angeln weitergebracht hat. Ich bin öfter angeln gegangen und habe mich viel intensiver damit beschäftigt. Also unterstützt die Arbeit das Hobby. Cool ist auch der tägliche Kontakt zu wirklich guten Anglern im Team – zum Beispiel zu Dir, Martin.

PHfK: Hast Du früher die Schule geschwänzt, um angeln zu gehen?

Peter: Ja, natürlich (lacht)! Bei gutem Wetter und wenn es in der Schule mal nicht so wichtig war, ist das vorgekommen. Meine Eltern haben mir sogar Entschuldigungen geschrieben dafür. Die Schule muss gut laufen, dann geht das.

PHfK: Wie bist Du zum Angeln gekommen?

Peter: Mit vier Jahren bin ich mit meinem Opa mitgegangen. Er hat ganz einfach geangelt – mit einer langen Stipprute ohne Rolle. Es war nur oben eine Schnur angeknotet. Der erste Ausflug hat aber gereicht – den Blick auf die Pose werde ich nie vergessen.

PHfK: Was magst Du am meisten am Angeln, außer Fische zu fangen?

Peter: Das ändert sich gerade. Als Kind war es der Andrenalinkick beim Drill und mit Freunden loszuziehen. Jetzt freue ich mich nach der Arbeit auch auf Ruhe und die Möglichkeit, dabei etwas abzuschalten. Angeln ist gut in allen Lebenslagen!

PHfK: Wie ist es dazu gekommen, dass Du bei Eisele Sea-Fishing Deine Ausbildung gemacht

hast? War das schon immer Dein Traumberuf?

Peter: In die Angelbranche wollte ich schon immer. Nach dem Abi war eigentlich eine Angelzeitung mein Ziel. Michael Eisele, meinen heutigen Chef, habe ich zufällig über Bekannte kennengelernt. Ich wurde so freundlich ins Team aufgenommen, da hatte ich schnell Lust auf die Ausbildung bei ihm. Als Kaufmann habe ich später zudem viele Möglichkeiten.

PHfK: Wie ist Deine berufliche Ausbildung abgelaufen, was mochtest Du besonders daran?

Peter: Ich habe alle Stationen durchlaufen: Produktion, Lager, Büro, Verkauf, Einkauf. So kann ich Kundenfragen super beantworten. Im Familienbetrieb muss man alles machen und wird dort eingesetzt, wo es gerade brennt. Die Abwechslung ist super. Besonders mag ich den Kundenkontakt auf Messen. Die Berufsschule hat auch Spaß gemacht, aber lieber bin ich im Betrieb. Ich bin erwachsener geworden und habe Praxiserfahrung. Ich will noch studieren, aber kann durch die Ausbildung Theorie mit Praxis abgleichen.

PHfK: Wenn ein Junge oder Mädchen, der oder das dieses Buch liest, auch für eine Angelfirma arbeiten möchte, was sind Deine Tipps?

Peter: Taucht möglichst tief ins Angeln ein – Angeln ist so vielfältig. Es ist wichtig, sich auszukennen mit Produkten, Technik, Taktik. Als Angler hört man nie auf dazuzulernen. So schafft man es dann auch, den allgemeinen kaufmännische Teil auf die Angelkunden abzustimmen. Angelleidenschaft braucht es schon, sonst ist eine allgemeinere Branche besser.

PHfK: Welchen Fisch würdest Du gerne fangen, den Du noch nicht gefangen hast?

Peter: Einen großen Lachs, möglichst aus der Ostsee, weil ich hier wohne und die großen Lachse als Kind von den Fischern kenne. Das hat mich bis heute geprägt.

PHfK: Peter, wo kann man Dir denn folgen?

Peter: **Auf Insta @hookedbypeter**

Lasst Eure Kinder angeln!

Ihr habt zufällig dieses Buch in die Hände bekommen und wollt gerne angeln? Oder Ihr angelt schon und habt einen Freund, der gerne anfangen würde? Aber Eure oder die Eltern Eures Freundes erlauben es nicht? Lest Ihnen mal die folgende Geschichte von Karla, Paul und Nils vor – dann können sie nicht mehr nein sagen!

Nils ist ein alter Schulfreund von mir. Als wir beide noch Kinder waren, hat er mich immer mal wieder zum Angeln begleitet. Auch wegen dieser gemeinsamen Erinnerung besteht die Verbundenheit bis heute. Wir saßen zusammen am Mittellandkanal und haben Aale gefangen. Lange her. „Was hältst Du von diesem Angelset?", schrieb er mir nach einiger Zeit unvermittelt. Es folgte ein Link zu einer Angelkiste mit 156 Teilen, Rute und Rolle. „Vergiss es! 140 Teile davon wirst Du nie benötigen und der Rest ist Plastikschrott." Nils wollte mit seinen Kindern, Karla und Paula, an die Mecklenburgische Seenplatte – und dort angeln. Etwas Sorge um den Urlaub klang bei Nils mit. Alleine mit den beiden, vielleicht kein echtes Sommerwetter..., das können lange zwei Wochen werden. Freude für die Kinder und zumindest etwas Teilzeiterholung für ihn selber wären schon wünschenswert.

Wir haben uns dann verständigt, dass ich ihm die wirklich notwendige Erstausrüstung im Fachhandel bestelle. Es waren nur wenige Teile, aber genau das, was benötigt ist und auch funktioniert. Sein Fachberater war in dem Fall ich – aber auch ohne mich, hätte es eine gute Beratung in einem Angelgeschäft gegeben. Natürlich musste ein Schwimmer dabei sein – nichts ist magischer als eine Pose anzustarren und zu hoffen, dass sie untergeht. Dazu zwei leichte Ruten, 2,20 Meter bis 2,70 Meter, Wurfgewicht bis 40 Gramm und Rollen der Größe 3000 und natürlich ein Kescher, um die hoffentlich zahlreichen Fische fair ans Ufer zu befördern.

Ich hatte Nils und die Angelpläne mit seinen Kindern schon fast vergessen, als wieder unvermittelt mein Handy brummte: Ein Foto mit Bootssteg, toller Ausblick auf den See, zwei Kinder mit Angelsachen und tatsächlich die erste gefangene Brasse! „Wow, Glückwunsch! Wenn Ihr mehr fangen wollt, kauft Euch etwas Paniermehl und Vanillezucker zum Anfüttern."

15.

0660

Schon am selben Abend folgten mehr Fotos von mehr Fischen. Als die Kinder schliefen, schrieb Nils wieder. Wie unfassbar fokussiert seine Kinder seien. Sie haben sich alles selber beigebracht, Probleme gelöst, im Team gearbeitet und dann voller Stolz den ersten Fisch gefangen. Nils saß währenddessen auf einem bequemen Stuhl etwas abseits – und genoss die erhoffte Erholung beim Bestaunen seiner Kinder.

„Wie können wir die Fische denn zubereiten?" Nils hatte sich mit den Brassen voller Gräten keinen kulinarischen Elfmeter vorgelegt. Ich habe ihm dann grob ein Notfallrezept für Fischfrikadellen erklärt. „Etwas Fummelei war das schon bei den Brassen, aber den einzigen Streit des Urlaubs zwischen Karla und Paul gab es darum, wer die letzte Fischfrikadelle essen durfte", berichtete Nils.

In den kommenden Tagen folgten noch einige Fotos vom Steg mit glücklichen Kindern. Und es wurden immer mehr. Paul und Karla haben Angelkumpels gefunden. Nachdem Paul dem größten Jungen aus der Gruppe die gerade selbst erarbeiteten Angelgrundbegriffe erklärt hatte, stand dieser ruhig und in sich ruhend mit der Rute in der Hand auf dem Steg. Er passte auf die Pose auf und die Pose auf ihn – ihr Untergang war sein Aufgang und am Ende des Tages war sein Fang sein größter Stolz des Urlaubs! Und der jüngere Paul war sein Mentor.

Beim Angeln verwischen Grenzen. Älter, jünger, Mädchen, Junge, groß, klein – es spielt keine Rolle. Alles richtet sich auf ein gemeinsames Ziel aus. Es gibt keinen Wettbewerb untereinander, es gibt ein Miteinander, dieselbe Mischung aus Ruhe und Spannung, die sich in Freude und Selbstbewusstsein wandelt, wenn ein Fisch gefangen wurde und in Optimismus, wenn es nicht geklappt hat. „Morgen aber schaffen wir es! Bist Du auch wieder hier?" „Ja, klar!"

„Aber wir angeln doch gar nicht und haben gar keine Ahnung", mag jetzt der letzte Einwand der Eltern lauten. Ja, ist doch super. Lasst Eure Kinder das mal selbst entdecken. Die schaffen das und selbst entdeckt und erarbeitet ist für die Kids viel mehr wert, als von Papa und Mama erklärt!

Info:

„Angeln ohne Angelschein"

In Mecklenburg-Vorpommern und Schleswig-Holstein können Urlauber ohne Angelprüfung für einen begrenzten Zeitraum angeln.
In Dänemark, Norwegen und Schweden geht das sowieso. Dennoch müssen meistens staatliche Angelerlaubnisse gekauft werden. Das geht mittlerweile fast überall online und ist somit auch kein Grund mehr, nicht angeln zu gehen!

Das Notfall-Rezept für Fischfrikadellen – damit schmecken sogar Brassen.

Die gefangenen Fische erst ausnehmen und dann im Ganzen kochen. Abkühlen lassen und das Fischfleisch aus den Gräten, Schuppen und der Haut fummeln. Je nach Menge werden nun Zitronensaft, Senf, Salz, Pfeffer, Paniermehl (gerne das vom Anfüttern) und Ei hinzugefügt. Senf und Zitrone nehmen das „fischige" aus der Frikadellenmischung. Nun einfach kleine Bälle formen und durchbraten.
Extra knusprig wird es, wenn die Bälle vor dem Braten noch in Paniermehl gewälzt werden.

15.

FISCHKÜC

Selbst gefangenen Fisch zuzubereiten ist eine mega Erfahrung. Die beiden nachfolgenden Gerichte sind super für Kids. Jeder mag Burger und Fish & Chips. Die Rezepte dazu sind ganz besonders, denn sie sind von einem Sternekoch entwickelt, der selber Angler ist und Kinder hat – perfekte Kombination für perfekte Kids-Rezepte in einem Angelbuch.

Fish & Chips

Seelachs-Backfisch mit Kräuterremoulade und Zitrone

Mehl, Mondamin, Backpulver und Kurkuma werden erst gut vermischt, dann gießt Du das Wasser langsam unter Rühren dazu. Den dadurch entstandenen Teig würzt Du mit Salz und Pfeffer. Die Fischfilets würzt Du ebenfalls und bestäubst sie danach mit Mehl, bevor Du sie kurz in den Backteig legst und sie direkt in 170 Grad Celsius heißem Öl ausbackst. Wenn sie goldbraun sind, legst Du sie auf ein Küchenpapier und lässt sie abtropfen. Die Remoulade ist noch einfacher. Alle Zutaten vermischen und mit Salz, Pfeffer und Zitrone abschmecken – nach einer halben Stunde im Kühlschrank schmeckt die Remoulade zusammen mit dem Backfisch köstlich. Spritzer Zitrone auf den Fisch ist unschlagbar!

Für den Backfisch:

Vier Stück Seelachsfilet à 180 g
200 g Mehl
200 g Mondamin
150 ml Wasser
Etwas Kurkuma, Salz, Pfeffer
Ein halbes Päckchen Backpulver
Öl zum Frittieren

Für die Remoulade:

100 g Mayonnaise
40 ml Gurkenwasser
20 g Senf
80 g gewürfelte Zwiebeln
Je 80 g gewürfelte Salat- und Gewürzgurken
Geschnittene Petersilie und Dill
Salz, Pfeffer und etwas Zitrone

Fischburger

Fischburger mit Honey-Mustard und Rucola mit selbstgebackenem Brötchen

Ein selbstgebackenes Brötchen zum Burger ist um so vieles besser, als ein gekauftes! Für den Teig vermengst Du Wasser, Milch, Zucker und die Hefe und lässt alles für fünf Minuten ruhen. Das Mehl muss gesiebt werden, erst dann kommt es dazu. Ei, Butter und Salz gibst Du ebenfalls hinzu und dann darfst Du die Arbeit der Küchenmaschine überlassen – mit dem Knethaken, nicht mit dem Rührbesen! Es dauert etwa fünf bis zehn Minuten, bis der Teig schön geschmeidig ist. Danach bekommen er und Du eine halbe Stunde Ruhe. Nach der Pause formst Du vier Bällchen aus dem Teig und legst sie auf ein Backblech – Backpapier darunter nicht vergessen. Wieder gibt es eine knappe halbe Stunde Ruhe – diesmal aber nur für den Teig. Du hingegen verrührst das zweite Ei mit etwas Milch. Mit einem Backpinsel streichst Du das Bällchen damit ein und bestreust es mit Sesam. Im vorgeheizten Ofen sind die Brötchen nach 16 bis 18 Minuten bei 200 Grad Celsius fertig.

Beim Burger-Patty geht es mit dem Gemüse los. Du zupfst Dill und Petersilie und gibst die Kräuter in einen Topf mit Wasser. Zusätzlich schmeckst Du das Wasser mit Zitrone ab und kochst es auf. Wenn das Wasser kocht, nimmst Du es von der Hitze und legst das Fischfilet für drei bis vier Minuten dort rein – damit pochierst Du es. Nach den drei bis vier Minuten holst Du es raus und schreckst es mit kaltem Wasser ab und tupfst es trocken. Die Filets kannst Du nun zerdrücken und zerrupfen – alles direkt in eine Schüssel. Nun hackst Du die Zwiebel in Würfel und schneidest Dill und Petersilie grob und mengst alles unter das zerrupfte Fischfilet. Zitronenabrieb, Ei, Semmelbrösel und die Senfsaat hinzufügen und alles mit den Händen verkneten. Nun noch Salz, Pfeffer und Zitronensaft hinzu – das perfekte „Fischburgerhackfleisch". Nun formst Du schon mit Vorfreude aufs Essen vier Pattys von satten 150 bis 160 Gramm, stellst sie für eine Weile kalt. Dann hast Du die Wahl: Bei 160 Grad Celsius im Backofen werden die Patties in acht bis zehn Minuten schonend gar. In der Pfanne mit Öl geht es schneller und sie werden knuspriger. Lecker ist beides – es bleibt Geschmackssache. Nun beginnt der schönste Teil: Burger bauen! Dass die Burgerbuns halbiert werden, ist ja klar. Die Innenseiten röstest Du kurz in der Pfanne an. Den unteren Teil belegst Du mit Rucola und gibst etwas Mayonnaise darauf. Dann kommt der Patty und der Honey-Mustard drüber – ruhig ordentlich viel. Zwiebeln, Gurke, Tomaten, was auch immer, kann noch oben drauf, ganz nach Belieben. Deckel drauf, los geht es.

Guten Appetit

Die Rezepte sind von Sternekoch Simon Sternal. Sein Restaurant liegt auf dem Weg zur Ostsee nahe der Autobahn und ist einen Abstecher wert - www.schuppen11.de